訂正増補 改正 市町村制詳解
【昭和5年 改版26版】

相馬昌三
菊池武夫　共著

地方自治法研究
復刊大系〔第三六二巻〕

訂正増補

改正 市町村制詳解

〔昭和五年 改版二十六版〕

日本立法資料全集　別巻
1572

信山社

訂正増補

市民及町村民は自己と直接に関係ある自治の
法律と則規だけは一と通り心得置ればならぬ

法學士辯護士　相馬昌三
法曹學會理事　菊池武夫
共著

改正 市町村制詳解

主要目次

東京　島鮮堂書店　發行

法學士辯護士　相馬昌三
法曹學會理事　菊池武夫　著

改正 市町村制詳解

鳥鮮堂書店　發行

序

帝國市公民、町村公民は申すまでも無く、市、町村民は、自己の生活と最も密接なる自治に關係ある法律及び規則は、どうしても知つて置かなければならない。

仍て本書は、最近改正に至る迄の「市制町村制」と、それに對して關係ある法律勅令及内務省令を、最も分り易く註譯を施し、訂正增補をなし玆に改版公刊したのである。

ところで、本書を讀む人に注意して置かれねばならないことは、本書は「市制」よりも「町村制」の方を詳しく註譯してある、それは「市制」と「町村制」とは條文に於て、相似通つて居る點が多いから註譯の反覆を避けて讀者の便を圖つたからである、故に市制註譯を見やうとする人は、「町村制註譯」を熟讀せらるれば、明瞭に了解する事が出來るのである。

又本書は準用法律として「衆議院議員選擧法」及び「府縣制」等を抄錄掲載しあれば讀者の便は此の上もない事と信ずる。

昭和五年初春

著者識

市町村制詳解目次

市制町村制施行令……二五九

市制町村制施行規則

市町村制詳解

（昭和四年四月改正）

法學士辯護士　相馬昌三
法曹學會理事　菊池武夫
著

市制講義

第一章　總則

第一款　市町村及其ノ區域

本款に於ては市の性質及區域に關する事を規定したのである

第一條　市ハ從來ノ區域ニ依ル

【講義】　本條は構成要素たる土地の規定であつて市の區域は從來の區域に依

ると規定したのである。詳細は町村制第一條の講義を參照せられたい。

第二條　市ハ法人トス官ノ監督ヲ承ケ法定ノ範圍内ニ於テ其ノ公共事務竝從來法令又ハ慣例ニ依リ及將來法律勅令ニ依リ市ニ屬スル事務ヲ處理ス

【講義】　本條は市の性質を法人とし事務に關する範圍を規定したのである

第三條　市ノ廢置分合ヲ爲サムトスルトキハ關係アル市町村會及府縣參事會ノ意見ヲ徵シテ内務大臣之ヲ定ム

前項ノ場合ニ於テ財產アルトキハ其ノ處分ハ關係アル市町村會ノ意見ヲ徵シ府縣參事會ノ議決ヲ經テ府縣知事之ヲ定ム

【講義】　本條は市の廢置分合を爲さんとする時の規定である。

第四條　市ノ境界變更ヲ爲サムトスルトキハ府縣知事ハ關係アル市町村會ノ意見ヲ徵シ府縣參事會ノ議決ヲ經内務大臣ノ許可ヲ得テ之ヲ定ム所屬未定地ヲ

市ノ區域ニ編入セムトスルトキ亦同シ

前項ノ場合ニ於テ財産アルトキ其ノ處分ニ關シテハ前條第二項ノ例ニ依ル

【講義】　本條は市の境界變更を爲さんとする時の規定である。

第五條　市ノ境界ニ關スル爭論ハ府縣參事會之ヲ裁定ス其ノ裁定ニ不服アル市町村ハ行政裁判所ニ出訴スルコトヲ得

市ノ境界判明ナラサル場合ニ於テ前項ノ爭論ナキトキハ府縣知事ハ府縣參事會ノ決定ニ付スヘシ其ノ決定ニ不服アル市町村ハ行政裁判ニ出訴スルコトヲ得

第一項ノ裁定及前項ノ決定ハ文書ヲ以テ之ヲ爲シ其ノ理由ヲ付シ之ヲ關係市町村ニ交付スヘシ

第一項ノ裁定及第二項ノ決定ニ付テハ府縣知事ヨリモ訴訟ヲ提起スルコトヲ得

【講義】本條は市の境界に關する爭議の査定に就て規定したのである。

第六條　勅令ヲ以テ指定スル市ノ區ハ之ヲ法人トス其ノ財産及營造物ニ關スル事務其ノ他法令ニ依リ區ニ關スル事務ヲ處理ス

區ノ廢置分合又ハ境界變更其ノ他區ノ境界ニ關シテハ前二條ノ規定ヲ準用ス但シ第四條ノ規定ヲ準用スル場合ニ於テハ關係アル市會ノ意見ヲモ徵スヘシ

【講義】本條は勅令を以て指定する市の區は之を法人とする事と、區の廢置分合境界變更に關する事とを定めた規定である。

第七條　市ハ其ノ名稱ヲ變更セムトスルトキハ内務大臣ノ許可ヲ受クヘシ

第二款　市住民及其ノ權利義務

本款は市住民の權利と義務とを規定しだのである。

第八條　市内ニ住所ヲ有スル者ハ其ノ市住民トス

市住民ハ本法ニ從ヒ市ノ財産及營造物ヲ共用スル權利ヲ有シ市ノ負擔ヲ分任スル義務ヲ負フ

【講義】　本條は市の住民の義務を規定したのである。

第九條　帝國臣民タル年號二十五年以上ノ男子ニシテ二年以來市住民タル者ハ共ノ市公民トス但シ左ノ各號ノ一ニ該當スル者ハ此ノ限ニ在ラス

一　禁治産者及準禁治産者

二　破産者ニシテ復權ヲ得サル者

三　貧困ニ因リ生活ノ爲公私ノ救助ヲ受ケ又ハ扶助ヲ受クル者

四　一定ノ住居ヲ有セサル者

五　六年ノ懲役又ハ禁錮以上ノ刑ニ處セラレタル者

六　刑法第二編第一章、第三章、第九章、第十六章乃至第二十一章第二十五章又ハ第三十六章乃至第三十九章ニ掲クル罪ヲ犯シ六年朱滿ノ懲役ノ刑ニ處セラレ其ノ執行ヲ終リ又ハ執行ヲ受クルコトナキニ至リタル後其ノ刑期ノ二倍ニ相當スル期間ヲ經過スルニ至ル迄ノ者但シ其ノ期間五年ヨリ短キトキハ五年トス

七　六年未滿ノ禁錮ノ刑ニ處セラレ又ハ前號ニ掲クル罪以外ノ罪ヲ犯シ六年未滿ノ懲役ノ刑ニ處セラレ其ノ執行ヲ終リ又ハ執行ヲ受クルコトナキニ至ル迄ノ者

市ハ前項二年ノ制限ヲ特免スルコトヲ得

第一項二年ノ期間ハ市町村ノ廢置分合又ハ境界變更ノ爲中斷セラルルコトナシ

【講義】　本條は市住民にして市公民たる者の具備すべき要件を規定したのである。

第十條　市公民ハ市ノ選擧ニ參與シ市ノ名譽職ニ選擧セラルル權利ヲ有シ市ノ

名譽職ヲ擔任スル義務ヲ負フ

左ノ各號ノ一ニ該當セサル者ニシテ名譽職ノ當選ヲ辭シ又ハ其ノ職ヲ辭シ若ハ其ノ職務ヲ實際ニ執行セサルトキハ市ハ一年以上四年以下其ノ市公民權ヲ停止スルコトヲ得

一 疾病ニ罹リ公務ニ堪ヘサル者

二 業務ノ爲常ニ市内ニ居ルコトヲ得サル者

三 年齡六十年以上ノ者

四 官公職ノ爲市ノ公務ヲ執ルコトヲ得サル者

五 四年以上名譽職市吏員名譽職參事會員市會議員又ハ區會議員ノ職ニ任シ爾後同一ノ期間ヲ經過セサル者

六 其ノ他市會ノ議決ニ依リ正當ノ理由アリト認ムル者

前項ノ處分ヲ受ケタル者其ノ處分ニ不服アルトキハ府縣參事會ニ訴願シ

其ノ裁決ニ不服アルトキハ行政裁判所ニ出訴スルコトヲ得

第二項ノ處分ハ其ノ確定ニ至ル迄執行ヲ停止ス

第三項ノ裁決ニ付テハ府縣知事又ハ市長ヨリモ訴訟ヲ提起スルコトヲ得

【講義】 本條は市公民名譽職に選擧せらるゝ權利及義務を規定し、又此の權利義務に背いた者に就ての制裁を規定したのである。

第十一條 陸海軍軍人ニシテ現役中ノ者（未タ入營セサル者及歸休下士官兵ヲ除ク）及戰時若ハ事變ニ際シ召集中ノ者ハ市ノ公務ニ參與スルコトヲ得ス兵籍ニ編入セラレタル學生生徒（勅令ヲ以テ定ムル者ヲ除ク）及志願ニ依リ國民軍ニ編入セラレタル者同シ

【講義】 本條は市の公務に參與する身分を規定したるもの

第三款　市條例及市規則

第十二條　市ハ市住民ノ權利義務又ハ市ノ事務ニ關シ市條例ヲ設クルコトヲ得

市ハ市ノ營造物ニ關シ市條例ヲ以テ規定スルモノノ外市規則ヲ設クルコトヲ得

市條例及市規則ハ一定ノ公告式ニ依リ之ヲ告示スヘシ

【講義】　本條は市條例及市規則に關する規定である。

第二章　市會

第一款　組織及選擧

本章ば市會に關する事を規定したのであつて、第一款は其の組織と市會議員の選擧に關する事を規定したのである。

第十三條　市會議員ハ其ノ被選擧權アル者ニ就キ選擧人之ヲ選擧ス

議員ノ定數左ノ如シ（大正十年法律第五十八號ヲ以テ本項改正）

一　人口五萬未滿ノ市　三十人
二　人口五萬以上十五萬未滿ノ市　三十六人
三　人口十五萬以上二十萬未滿ノ市　四十人
四　人口二十萬以上三十萬未滿ノ市　四十四人
五　人口三十萬以上ノ市　四十八人

人口三十萬ヲ超ユル市ニ於テハ人口十萬、人口五十萬ヲ超ユル市ニ於テハ人口二十萬ヲ加フル每ニ議員四人ヲ增加ス(同上)

議員ノ定數ハ市條例ヲ以テ特ニ之ヲ增減スルコトヲ得

議員ノ定數ハ總選擧ヲ行フ場合ニ非サレハ之ヲ增減セス但シ著シク人口ノ增減アリタル場合ニ於テ內務大臣ノ許可ヲ得タルトキハ此ノ限ニアラス

【講義】本條は市會議員の選擧及び人口に比例する其の議員の數を規定したのである。

第十四條　市公民ハ總テ選擧權ヲ有ス但シ公民權停止中ノ者又ハ第十一條ノ規定ニ該當スル者ハ此ノ限ニ在ラス

第十五條　削除（大正十五年六月法律七十四號）

第十六條　市ハ市條例ヲ以テ選擧區ヲ設クルコトヲ得（同上）

選擧區ノ數及其ノ區域竝各選擧區ヨリ選出スル議員數ハ前項ノ市條例中ニ之ヲ規定スヘシ

第六條ノ市ニ於テハ區ヲ以テ選擧區トス其ノ各選擧區ヨリ選出スル議員數ハ市條例ヲ以テ之ヲ定ムヘシ

選擧人ハ住所ニ依リ所屬ノ選擧區ヲ定ム第七十六條又ハ第七十九條第二項ノ規定ニ依リ市公民タル者ニシテ市內ニ住所ヲ有セサル者ニ付テハ市長ハ本人ノ申出ニ依リ其ノ申出ナキトキハ職權ニ依リ其ノ選擧區ヲ定ムヘシ

被選擧人ハ各選擧區ニ通シテ選擧セラルルコトヲ得

【講義】　本條は市の選擧區に關する規定である。

第十七條　特別ノ事情アルトキハ市ハ區劃ヲ定メテ投票分會ヲ設クルコトヲ得（大正十五年法律第七十四號）

【講義】　本條は特別の事情ある時選擧分會を設くることを得る規定である。

第十八條　選擧權ヲ有スル市公民ハ被選擧權ヲ有ス（同上）

在職ノ檢事、警察官吏及收税官吏ハ被選擧權ヲ有セス

選擧事務ニ關係アル官吏及市ノ有給吏員ハ其ノ關係區域内ニ於テ被選擧權ヲ有セス

市ノ有給ノ吏員教員其ノ他ノ職員ニシテ在職中ノ者ハ其ノ市ノ市會議員ト相兼スルコトヲ得ス

第十九條　市會議員ハ名譽職トス

議員ノ任期ハ四年トシ總選擧ノ日ヨリ之ヲ起算ス

議員ノ定數ニ異動ヲ生シタル爲解任ヲ要スル者アルトキハ市長抽籤シテ之ヲ定ム但シ闕員アルトキハ其ノ闕員ヲ以テ之ニ充ツヘシ

前項但シ書ノ場合ニ於テ闕員ノ數解任ヲ要スル者ノ數ニ滿チサルトキハ其ノ不足ノ員數ニ付市長抽籤シテ解任スヘキ者ヲ定メ闕員ノ數解任ヲ要スル者ノ數ヲ超ユルトキハ解任ヲ要スル者ニ充ツヘキ闕員ハ最モ先キニ闕員ト爲リタル者ヨリ順次之ニ充テ闕員ト爲リタルトキ同シキトキハ市長抽籤シテ之ヲ定ム（大正十五年法律第七十四號改正）

議員ノ定數ニ異動ヲ生シタル爲解任ヲ要スル者アル場合ニ於テ選擧區アルトキハ第十六條ノ市條例中ニ其ノ解任ヲ要スル者ノ選擧區ヲ規定シ市長抽籤シテ之ヲ定ム但シ解任ヲ要スル者ノ選擧區ニ闕員アリタルトキハ其ノ闕員ヲ以テ之ニ充ツヘシ此ノ場合ニ於テハ前項ノ例ニ依ル（同上）

議員ノ定數ニ異動ヲ生シタル爲新ニ選擧セラレタル議員ハ總選擧ニ依リ選擧

セラレタル議員ノ任期滿了ノ日迄在任ス
選擧區又ハ其ノ配當議員數ノ變更アリタル場合ニ於テ之ニ關シ必要ナル事項ハ第十六條ノ市條例ニ之ヲ規定スヘシ

第二十條　市會議員中闕員ヲ生シタル場合ニ於テ第三十條第二項ノ規定ノ適用ヲ受ケタル得票者ニシテ當選者トナラサリシ者アルトキハ直ニ選擧會ヲ開キ其者ノ中ニ就キ當選者ヲ定ムヘシ此ノ場合ニ於テハ第三十三條第三項及第四項ノ規定ヲ準用ス（昭和四年法律第五十六條改正）

前項ノ規定ノ適用ヲ受クル者ナク若クハ前項ノ規定ノ適用ニ依リ當選者ヲ定ムルモ仍其ノ闕員カ議員定數ノ六分ノ一ヲ超ユルニ至リタルトキ又ハ市長若ハ市會ニ於テ必要ト認ムルトキハ補闕選擧ヲ行フヘシ（同上追加）

第三十三條第五項及第六項ノ規定ハ補闕選擧ニ之ヲ準用ス

補闕議員ハ其ノ前任者ノ殘任期間在任ス（同上順位繰下ケ）

選擧區アル場合ニ於テハ補闕議員ハ前任者ノ選擧セラレタル選擧區ニ於テ之ヲ選擧スヘシ(同上)

【講義】　本條は市會議員の闕員の場合の補闕選擧に關する規定である。

第二十一條　市長ハ毎年九月十五日ノ現在ニ依リ選擧人名簿ヲ調製スヘシ但シ選擧區アルトキハ選擧區毎ニ之ヲ調製スヘシ(同上)

第六條ノ市ニ於テハ市長ハ區長ヲシテ前項ノ例ニ依リ選擧人名簿ヲ訓製セシムヘシ

選擧人名簿ニハ選擧人ノ氏名、住所及生年月日等ヲ記載スヘシ

第二十一條ノ二　市長ハ十一月五日ヨリ十五日間市役所(第六條ノ市ニ於テハ區役所)又ハ指定シタル場所ニ於テ選擧人名簿ヲ關係者ノ縱覽ニ供スヘシ(大正十五年法律第七十四號ヲ以テ追加)

市長ハ縱覽開始ノ日前三日目迄ニ縱覽ノ場所ヲ告示スヘシ

第二十一條ノ三　選擧人名簿ニ關シ關係者ニ於テ異議アルトキハ縱覽期間內ニ之ヲ市長（第六條ノ市ニ於テハ區長ヲ經テ）ニ申立ツルコトヲ得此ノ場合ニ於テハ市長其ノ申立ヲ受ケタル日ヨリ十四日以內ニ之ヲ決定シ名簿ノ修正ヲ要スルトキハ直ニ之ヲ修正シ第六條ノ市ニ於テハ區長ヲシテ之ヲ修正セシムヘシ（昭和四年法律第五十六條改正）

前項ノ決定ニ不服アル者ハ府縣參事會ニ訴願シ其ノ裁決ニ不服アル者ハ行政裁判所ニ出訴スルコトヲ得（同上）

前項ノ裁決ニ付テハ府縣知事又ハ市長ヨリモ訴願又ハ訴訟ヲ提起スルコトヲ得（同上）

第一項ノ規定ニ依リ決定ヲ爲シタルトキハ市長ハ直ニ其ノ要領ヲ告示シ第六條ノ市ニ於テハ區長ヲシテ之ヲ告示セシムヘシ同項ノ規定ニ依リ名簿ヲ修正シタルトキ亦同シ（同上）

第二十一條ノ四　選擧人名簿ハ十二月二十五日ヲ以テ確定ス（大正十五年法律第七十四號改正）

選擧人名簿ハ次年ノ十二月二十四日迄之ヲ据置クヘシ（同上）

前條第二項又ハ第三項ノ場合ニ於テ裁決確定シ又ハ判決アリタルニ依リ名簿ノ修正ヲ要スルトキハ市長ハ直ニ之ヲ修正シ第六條ノ市ニ於テハ區長ヲシテ之ヲ修正セシムヘシ（昭和四年法律第五十六條改正）

前項ノ規定ニ依リ名簿ヲ修正シタルトキハ市長ハ直ニ其ノ要領ヲ告示シ第六條ノ市ニ於テハ區長ヲシテ之ヲ告示セシムヘシ（同上）

投票分會ヲ設クル場合ニ於テ必要アルトキハ市長ハ確定名簿ニ依リ分會ノ區劃毎ニ名簿ノ抄本ヲ調製シ第六條ノ市ニ於テハ區長ヲシテ之ヲ調製セシムヘシ（同上）

第二十一條ノ五　第二十一條三ノ場合ニ於テ決定若ハ裁決確定シ又ハ判決アリ

タルニ依リ選擧人名簿無效ト爲リタルトキハ更ニ名簿ヲ調製スヘシ(大正十五年法律第七十四號改正)

天災事變等ノ爲必要アルトキハ更ニ名簿ヲ調製スヘシ(同上)

前二項ノ規定ニ依ル名簿ノ調製、縱覽、確定及異議ノ決定ニ關スル期日及期間ハ府縣知事ノ定ムル所ニ依ル(昭和四年法律第五十六號改正)

市ノ廢置分合又ハ境界變更アリタル場合ニ於テ名簿ニ關シ其ノ分合其ノ他必要ナル事項ハ命令ヲ以テ之ヲ定ム(大正十五年法律第七十四號改正)

【講義】 本條は選擧人名簿調製に關する規定である。

第二十二條 市長ハ選擧期日前七日目(第三十九條ノ二ノ市ニ於テハ二十日目)迄ニ選擧會場(投票分會場ヲ含ム以下之ニ同シ)投票ノ日時及選擧スヘキ議員數(選擧區アル場合ニ於テハ各選擧區ニ於テ選擧スヘキ議員數)ヲ告示スヘシ投票分會ヲ設クル場合ニ於テハ併セテ其ノ區劃ヲ告示スヘシ(同上改正)

總選擧ニ於ケル各選擧區ノ投票ハ同日時ニ之ヲ行フ
投票分會ノ投票ハ選擧會ト同日時ニ之ヲ行フ
天災事變等ノ爲投票ヲ行フコト能ハサルトキ又ハ更ニ投票ヲ行フ必要アルトキハ市長ハ其ノ投票ヲ行フヘキ選擧會又ハ投票分會ノミニ付期日ヲ定メ投票ヲ行ハシムヘシ此ノ場合ニ於テ選擧會場及投票ノ日時ハ選擧ノ期日前五日目迄ニ之ヲ告示スヘシ

【講義】　本條は選擧の期日投票の日時天災事變等に依り告示の日に投票を行ふ事の出來ぬ場合改めて投票を行ふ定めである。

第二十三條　市長ハ選擧長ト爲リ選擧會ヲ開閉シ其ノ取締ニ任ス
各選擧區ノ選擧會ハ市長又ハ其ノ指名シタル吏員(第六條ノ市ニ於テハ區長)選擧長ト爲リ之ヲ開閉シ其ノ取締ニ任ス
市長(第六條ノ市ニ於テハ區長)ハ選擧人名簿ニ登錄セラレタル者ノ中ヨリ二

人乃至四人ノ選擧立會人ヲ選任スヘシ但シ選擧區アルトキハ各別ニ選擧立會人ヲ設クヘシ

投票分會ハ市長ノ指名シタル吏員投票分會會長ト爲リ之ヲ開閉シ其ノ取締ニ任ス

市長(第六條ノ市ニ於テハ區長)ハ分會ノ區劃内ニ於ケル選擧人名簿ニ登錄セラレタル者ノ中ヨリ二人乃至四人ノ投票立會人ヲ選任スヘシ

選擧立會人及投票立會人ハ名譽職トス

【講義】 本條は選擧長、選擧立會人、投票立會人を規定したのである。

第二十四條 選擧人ニ非サル者ハ選擧會場ニ入ルコトヲ得ス但シ選擧會場ノ事務ニ從事スル者、選擧會場ヲ監視スル職權ヲ有スル者又ハ警察官吏ハ此ノ限ニ在ラス

選擧會場ニ於テ演說討論ヲ爲シ若ハ喧擾ニ涉リ又ハ投票ニ關シ協議若ハ勸誘

ヲ爲シ其ノ他選擧會場ノ秩序ヲ紊ス者アルトキハ選擧長又ハ投票分會長ハ之ヲ制止シ命ニ從ハサルトキハ之ヲ選擧會場外ニ退出セシムヘシ（大正十五年法律七十四號）

前項ノ規定ニ依リ退出セシメラレタル者ハ最後ニ至リ投票ヲ爲スコトヲ得但シ選擧長又ハ投票分會長會場ノ秩序ヲ紊ス虞ナシト認ムル場合ニ於テ投票ヲ爲サシムルヲ妨ケス（同上）

【講義】 本條は市會議員選擧會場の取締に關する規定である。

第二十五條　選擧ハ無記名投票ヲ以テ之ヲ行フ

投票ハ一人一票ニ限ル

選擧人ハ選擧ノ當日投票時間內ニ自ラ選擧會場ニ到リ選擧人名簿又ハ其ノ抄本ノ對照ヲ經テ投票ヲ爲スヘシ

投票時間內ニ選擧會場ニ入リタル選擧人ハ其ノ時間ヲ過クルモ投票ヲ爲スコ

トヲ得

選擧人ハ選擧會場ニ於テ投票用紙ニ自ラ被選擧人一人ノ氏名ヲ記載シテ投函スヘシ（大正十五年法律第七十四號）

投票ニ關スル記載ニ付テハ勅令ヲ以テ定ムル點字ハ之ヲ文字ト看做ス（同上本項追加）

自ラ被選擧人ノ氏名ヲ書スルコト能ハサル者ハ投票ヲ爲スコトヲ得ス

投票用紙ハ市長ノ定ムル所ニ依リ一定ノ式ヲ用フヘシ

選擧區アル場合ニ於テ選擧人名簿ノ調製後選擧人ノ所屬ニ異動ヲ生スルコトアルモ其ノ選擧人ハ前所屬ノ選擧區ニ於テ投票ヲ爲スヘシ

投票分會ニ於テ爲シタル投票ハ投票分會長少クトモ一人ノ投票立會人ト共ニ投票函ノ儘之ヲ選擧長ニ送致スヘシ

第二十五條ノ二　確定名簿ニ登錄セラレサル者ハ投票ヲ爲スコトヲ得ス但シ選

擧人名簿ニ登錄セラルヘキ確定裁決書又ハ判決書ヲ所持シ選擧ノ當日選擧會場ニ到ル者ハ此ノ限ニ在ラス(同上追加)

確定名簿ニ登錄セラレタル者選擧人名簿ニ登錄セラルルコトヲ得サル者ナルトキハ投票ヲ爲スコトヲ得ス選擧ノ當日選擧權ヲ有セサル者ナルトキ亦同シ

第二十五條ノ三　投票ノ拒否ハ選擧立會人之ヲ決定ス可否同數ナルトキハ選擧長又ハ投票分會長之ヲ決スヘシ(同上)

投票分會ニ於テ投票拒否ノ決定ヲ受ケタル選擧人不服アルトキハ投票分會長ハ假ニ投票ヲ爲サシムヘシ

前項ノ投票ハ選擧人ヲシテ之ヲ封筒ニ入レ封緘シ表面ニ自ラ其ノ氏名ヲ記載シ投函セシムヘシ

投票分會長又ハ投票立會人ニ於テ異議アル選擧人ニ對シテモ亦前二項ニ同シ

【講義】　本條は市會議員の選擧方法に關して規定したるものである。

第二十六條　第三十三條若ハ第三十七條ノ選擧増員選擧及補闕選擧ヲ同時ニ行フ場合ニ於テハ一ノ選擧ヲ以テ合併シテ之ヲ行フ（大正十年法律第五十八號ヲ以テ改正）

【講義】　本條は種々の選擧を同時に行ふ場合に關する規定である。

第二十七條　市長ハ豫メ開票ノ日時ヲ告示スヘシ（大正十五年法律第七十四號改正）

第二十七條ノ二　選擧長ハ投票ノ日又ハ其ノ翌日（投票分會ヲ設ケタルトキハ總テノ投票函ノ送致ヲ受ケタル日又ハ其ノ翌日）選擧立會人立會ノ上投票函ヲ開キ投票ノ總數ト選擧人ノ總數トヲ計算スヘシ

前項ノ計算終リタルトキハ選擧長ハ先ツ第二十五條ノ三第二項及第四項ノ投票ヲ調査スヘシ其ノ投票ノ受理如何ハ選擧立會人之ヲ決定ス可否同數ナルトキハ選擧長之ヲ決スヘシ（同上本條追加）

選擧長ハ選擧立會人ト共ニ投票ヲ點檢スヘシ

天災事變等ノ爲開票ヲ行フコト能ハサルトキハ市長ハ更ニ開票ノ期日ヲ定ムヘシ此ノ場合ニ於テ選擧會場ノ變更ヲ要スルトキハ豫メ更ニ其ノ場所ヲ告示スヘシ

第二十七條ノ三　選擧人ハ其ノ選擧會ノ參觀ヲ求ムルコトヲ得但シ開票開始前ハ此ノ限ニアラス（同上）

第二十七條ノ四　特別ノ事情アルトキハ市ハ府縣知事ノ許可ヲ得區劃ヲ定メテ開票分會ヲ設クルコトヲ得（同上）

前項ノ規定ニ依リ開票分會ヲ設クル場合ニ於テ必要ナル事項ハ命令ヲ以テ之ヲ定ム

【講義】　本條は投票及開票點檢の規定である。

第二十八條　左ノ投票ハ之ヲ無效トス

一　成規ノ用紙ヲ用ヰサルモノ

二　現ニ市會議員ノ職ニ在ル者ノ氏名ヲ記載シタルモノ
三　一投票中二人以上ノ被選擧人ノ氏名ヲ記載シタルモノ
四　被選擧人ノ何人タルカヲ確認シ難キモノ
五　被選擧權ナキ者ノ氏名ヲ記載シタルモノ
六　被選擧人ノ氏名ノ外他事ヲ記載シタルモノ但シ爵位職業身分住所又ハ敬稱ノ類ヲ記入シタルモノハ此ノ限ニ在ラス
七　被選擧人ノ氏名ヲ自書セサルモノ（大正十年法律第五十八號ヲ以テ本項追加）

【講義】　本條は市會議員選擧に就き投票無效に關する規定である。

第二十九條　投票ノ效力ハ選擧立會人之ヲ決定ス可否同數ナルトキハ選擧長之ヲ決スヘシ（大正十五年法律第七十四號改正）

【講義】　本條は投票の效力に關する規定である。

第三十條　市會議員ノ選擧ハ有效投票ノ最多數ヲ得タル者ヲ以テ當選者トス但シ議員ノ（定數選擧區アル場合ニ於テハ其ノ選擧區ノ配當議員數）ヲ以テ有效投票ノ總數ヲ除シテ得タル數ノ六分ノ一以上ノ得票アルコトヲ要ス（大正十五年法律第七十四號改正）

前項ノ規定ニ依リ當選者ヲ定ムルニ當リ數同シキトキハ年長者ヲ取リ年齡同シキトキハ選擧長抽籤シテ之ヲ定ムヘシ

第三十條ノ二　當選者選擧ノ期日後ニ於テ被選擧權ヲ有セサルニ至リタルトキハ當選ヲ失フ（同上追加）

第三十一條　選擧長ハ選擧錄ヲ作リ選擧會ニ關スル顚末ヲ記載シ之ヲ朗讀シ二人以上ノ選擧立會人ト共ニ之ニ署名スヘシ（同上改正）

各選擧區ノ選擧長ハ選擧錄（第六條ノ市ニ於テハ其ノ寫ヲ添ヘ當選者ノ住所氏名ヲ市長ニ報告スヘシ（同上）

投票分會長ハ投票錄ヲ作リ投票ニ關スル顚末ヲ記載シ之ヲ朗讀シ二人以上ノ投票立會人ト共ニ署名スヘシ(同上追加)

投票分會長ハ投票函ト同時ニ投票錄ヲ選擧長ニ送致スヘシ

選擧錄及投票錄ハ投票、選擧人名簿其ノ他ノ關係書類ト共ニ議員ノ任期間市長(第六條ノ市ニ於テハ區長)ニ於テ之ヲ保存スヘシ(同上)

【講義】 本條は市會議員の選擧に、選擧錄及投票錄調製と其の送付共の他關係書類の保存に關する規定である。

第三十二條 當選者定マリタルトキハ市長ハ直ニ當選者ニ當選ノ旨ヲ告知シ（第六條ノ市ニ於テハ區長ヲシテ之ヲ告知セシメ）同時ニ當選者ノ住所氏名ヲ告示シ且選擧錄ノ寫(投票錄アルトキハ併セテ投票錄ノ寫)ヲ添ヘ之ヲ府縣知事ニ報告スヘシ(同上改正)

當選者當選ヲ辭セムトスルトキハ當選ノ告知ヲ受ケタル日ヨリ五日以内ニ之

ヲ市長ニ申立ツヘシ

一人ニシテ數選擧區ニ於テ當選シタルトキハ最終ニ當選ノ告知ヲ受ケタル日ヨリ五日以内ニ何レノ當選ニ應スヘキカヲ市長ニ申立ツヘシ其ノ期間内ニ之ヲ申立テサルトキハ市長抽籤シテ之ヲ定ム

官吏ニシテ當選シタル者ハ所屬長官ノ許可ヲ受クルニ非サレハ之ニ應スルコトヲ得ス

前項ノ官吏ハ當選ノ告知ヲ受ケタル日ヨリ二十日以内ニ之ニ應スヘキ旨ヲ市長ニ申立テサルトキハ其ノ當選ヲ辭シタルモノト看做ス第三項ノ場合ニ於テ何レノ當選ニ應スヘキカヲ申立テサルトキハ總テ之ヲ辭シタルモノト看做ス

市ニ對シ請負ヲ爲シ又ハ市ニ於テ費用ヲ負擔スル事業ニ付市長若ハ其ノ委任ヲ受ケタル者ニ對シ請負ヲ爲ス者若ハ其ノ支配人又ハ主トシテ同一ノ行爲ヲ爲ス法人ノ無限責任社員、役員若ハ支配人ニシテ當選シタル者ハ其ノ請負ヲ罷メ又ハ請負ヲ爲ス者ノ支配人若ハ主トシラ同一行爲ヲ爲ス法人ノ無限責任社員、役員若ハ支配人タルコトナキニ至ルニ非サレハ當選ニ應スルコトヲ得ス第二項又ハ第三項ノ期間前ニ其ノ旨ヲ市長ニ申立テサルトキハ其ノ當選ヲ辭シタルモノト看做ス（同上本項追加）

前項ノ役員トハ取締役監査役、及之ニ準スヘキ者並淸算人ヲ謂フ

【講義】　本條は議員の當選の告示及當選確定に關する規定である。

第三十三條　當選者左ニ掲クル事由ノ一ニ該當スルトキハ三月以內ニ更ニ選擧ヲ行フヘシ但シ第二項ノ規定ニ依リ更ニ選擧ヲ行フコトナクシテ當選者ヲ定メ得ル場合ハ此限ニ在ラス（大正十五年法律第七十四號改正）

一　當選ヲ辭シタルトキ

二　數選擧區ニ於テ當選シタル場合ニ於テ前條第三項ノ規定ニ依リ一ノ選擧區ノ當選ニ應シ又ハ抽籤ニ依リ一ノ選擧區ノ當選者ト定マリタル爲他ノ選

擧區ニ於テ當選者タラサルニ至リタルトキ

三　第三十條ノ二ノ規定ニ依リ當選ヲ失ヒタルトキ

四　死亡者ナルトキ

五　選擧ニ關スル犯罪ニ依リ刑ニ處セラレ其ノ當選無效ト爲リタルトキ但シ同一人ニ關シ前各號ノ事由ニ依ル選擧又ハ補闕選擧ノ告示ヲ爲シタル場合ハ此ノ限ニ在ラス

前項ノ事由前條第二項、第三項若ハ第五項ノ規定ニ依ル期限前ニ生シタル場合ニ於テ第三十條第一項但書ノ得票者ニシテ當選者トナラサリシ者アルトキ又ハ其ノ期限經過後ニ生シタル場合ニ於テ第三十條第二項ノ規定ノ適用ヲ受ケタル得票者ニシテ當選者ト爲ラサリシ者アルトキハ直ニ選擧會ヲ開キ其ノ者ノ中ニ就キ當選者ヲ定ムヘシ

前項ノ場合ニ於テ第三十條第一項ノ但書ノ得票者ニシテ當選者ト爲ラサ

リシ選擧ノ期日後ニ於テ被選擧權ヲ有セサルニ至リタルトキハ之ヲ當選者ト定ムルコトヲ得ス

第二項ノ場合ニ於テハ市長ハ豫メ選擧會ノ場所及日時ヲ告示スヘシ

第一項ノ期間ハ第三十六條第八項ノ規定ノ適用アル場合ニ於テハ選擧ヲ行フコトヲ得サル事由已ミタル日ノ翌日ヨリ之ヲ起算ス

第一項ノ事由議員ノ任期滿了前六月以內ニ生シタルトキハ第一項ノ選擧ハ之ヲ行ハス但シ議員ノ數其ノ定數ノ三分ノ二ニ滿チサルニ至リタルトキハ此ノ限ニ在ラス

【講義】本條は市會議員選擧に當選者が當選を辭したる時に、更に當選者を定むる規定である。

第三十四條　第三十二條第二項ノ期間ヲ經過シタルトキ同條第三項若ハ第五項ノ申立アリタルトキ又ハ同條第三項ノ規定ニ依リ抽籤ヲ爲シタルトキハ市長

ハ直ニ當選者ノ住所氏名ヲ告示シ併セテ之ヲ府縣知事ニ報告スヘシ(大正十五年法律第七十四號改正)

當選者ナキニ至リタルトキ又ハ當選者其ノ選擧ニ於ケル議員ノ定數ニ達セサルニ至リタルトキハ市長ハ直ニ其ノ旨ヲ告示シ併セテ之ヲ府縣知事ニ報告スヘシ

【講義】本條は市會議員選擧の報告並當選者の告示等に關する規定である。

第三十五條　選擧ノ規定ニ違反スルコトアルトキハ選擧ノ結果ニ異動ヲ生スルノ虞アル場合ニ限リ其ノ選擧ノ全部又ハ一部ヲ無效トス但シ當選ニ異動ヲ生スルノ虞ナキ者ヲ區分シ得ルトキハ其ノ者ニ限リ當選ヲ失フコトナシ(同上)

【講義】本條は市會議員當選の全部又は一部を無效とする規定である。

第三十六條　選擧人選擧又ハ當選ノ效力ニ關シ異議アルトキハ選擧ニ關シテハ選擧ノ日ヨリ當選ニ關シテハ第三十二條第一項又ハ第三十四條第二項ノ告示

ノ日ヨリ七日以內ニ之ヲ市長ニ申立ツルコトヲ得此ノ場合ニ於テハ市長ハ七日以內ニ市會ノ決定ニ付スヘシ市會ハ其ノ送付ヲ受ケタル日ヨリ十四日以內ニ之ヲ決定スヘシ

前項ノ決定ニ不服アル者ハ府縣參事會ニ訴願スルコトヲ得

府縣知事ハ選擧又ハ當選ノ效力ニ關シ異議アルトキハ選擧ニ關シテハ第三十二條第一項ノ報告ヲ受ケタル日ヨリ當選ニ關シテハ第三十二條第一項又ハ第三十四條第二項ノ報告ヲ受ケタル日ヨリ二十日以內ニ之ヲ府縣參事會ノ決定ニ付スルコトヲ得

前項ノ決定アリタルトキハ同一事件ニ付爲シタル異議ノ申立及市會ノ決定ハ無效トス

第二項若ハ第六項ノ裁決又ハ第三項ノ決定ニ不服アル者ハ行政裁判所ニ出訴スルコトヲ得

第一項ノ決定ニ付テハ市長ヨリモ訴願ヲ提起スルコトヲ得
第二項若ハ前項ノ裁決又ハ第三項ノ決定ニ付テハ府縣知事又ハ市長ヨリモ訴訟ヲ提起スルコトヲ得
第二十條、第三十三條又ハ第三十七條第一項若ハ第三項ノ選擧ハ之ニ關係アル選擧又ハ當選ニ關スル異議申立期間異議ノ決定若ハ訴願ノ裁決確定セサル間又ハ訴訟ノ繫屬スル間之ヲ行フコトヲ得
市會議員ハ選擧又ハ當選ニ關スル決定若ハ裁決確定シ又ハ判決アル迄ハ會議ニ列席シ議事ニ參與スルノ權ヲ失ハス

【講義】本條は市會議員の選擧又は當擧の效力に關し異議ある時に關するる規定である。

第三十七條　選擧無效ト確定シタルトキハ三月以內ニ更ニ選擧ヲ行フヘシ（大正十五年法律第七十四號改正）

當選無效ト確定シタルトキハ直ニ選擧會ヲ開キ更ニ當選者ヲ定ムヘシ此ノ場合ニ於テハ第三十三條第三項及第四項ノ規定ヲ準用ス

當選者ナキトキ、當選者ナキニ至リタルトキ又ハ當選者其ノ選擧ニ於ケル議員ノ定數ニ達セサルトキ若ハ定數ニ達セサルニ至リタルトキハ三月以内ニ更ニ選擧ヲ行フヘシ

第三十三條第五項及第六項ノ規定ハ第一項及前項ノ選擧ニ之ヲ準用ス

【講義】　本條は市會議員の當選無效及議員の定數に足る當選者を得ざる場合に關する規定である。

第三十八條　市會議員被選擧權ヲ有セサル者ナルトキ又ハ第三十二條第六項ニ掲タル者ナルトキハ其ノ職ヲ失フ其ノ被選擧權ノ有無又ハ第三十二條第六項ニ掲クル者ニ該當スルヤ否ハ市會議員カ左ノ各號ノ一ニ該當スルニ因リ被選擧權ヲ有セサル場合ヲ除クノ外市會之ヲ決定ス（大正十五年法律第七十四號改正）

一　禁治産者又ハ準禁治産者ト爲リタルトキ
二　破産者ト爲リタルトキ
三　禁錮以上ノ刑ニ處セラレタルトキ
四　選擧ニ關スル犯罪ニ依リ罰金ノ刑ニ處セラレタルトキ

市長ハ市會議員中被選擧權ヲ有セサル者又ハ第三十二條第六項ニ揭クル者アリト認ムルトキハ之ヲ市會ノ決定ニ付スヘシ市會ハ其ノ送付ヲ受ケタル日ヨリ十四日以内ニ之ヲ決定スヘシ

第一項ノ決定ヲ受ケタル者其ノ決定ニ不服アルトキハ府縣參事會ニ訴願シ其ノ裁決又ハ第四項ノ裁決ニ不服アルトキハ行政裁判所ニ出訴スルコトヲ得

第一項ノ決定及前項ノ裁決ニ付テハ市長ヨリモ訴願又ハ訴訟ヲ提起スルコトヲ得

前二項ノ裁決ニ付テハ府縣知事ヨリモ訴訟ヲ提起スルコトヲ得
第三十六條第九項ノ規定ハ第一項及前三項ノ場合ニ之ヲ準用ス
第一項ノ決定ハ文書ヲ以テ之ヲ爲シ其ノ理由ヲ附シ之ヲ本人ニ交付スヘシ
【講義】　本條は市會議員の失職に關する規定である。
第三十九條　第二十一條ノ三及第三十六條ノ場合ニ於テ府縣參事會ノ決定及裁決ハ府縣知事市會ノ決定ハ市長直ニ之ヲ告示スヘシ
第三十九條ノ二　勅令ヲ以テ指定スル市（第六條ノ市ノ區ヲ含ム）ノ市會議員（又ハ區會議員）ノ選擧ニ付テハ府縣制第十三條ノ二、第十三條ノ三、第二十九條ノ三及第三十四條ノ二ノ規定ヲ準用ス此ノ場合ニ於テハ第二十三條第三項及第五項、第二十五條第五項及第七項第三十五條ノ三、第三十七條ノ二、第二項第二十八條、第二十九條、第三十三條第一項並第三十六條第一項ノ規定ニ拘ラス勅令ヲ以テ特別ノ規定ヲ設クルコトヲ得（昭和四年法律第五十六號改正）

第三十九條ノ三　前條ノ規定ニ依ル選擧ニ付テハ衆議院議員選擧法第十章及第十一章竝第百四十條第二項及第百四十二條ノ規定ヲ準用ス但シ議員候補者一人ニ付定ムヘキ選擧事務所數、選擧委員及選擧事務員ノ數竝選擧運動ノ費用ノ額ニ關シテハ勅令ノ定ムル所ニ依ル前條ノ規定ニ依ル選擧ヲ除クノ外市會議員(又ハ第六條ノ市ノ區ノ區會議員)ノ選擧ニ付テハ衆議院議員選擧法第九十一條、第九十二條、第九十八條、第九十九條第二項、第百條及第百四十二條ノ規定ヲ準用ス(同上)

衆議院議員選擧法(抄錄)

第八十五條　裁判所ハ本章ノ規定ニ依ル訴訟ヲ裁判スルニ當リ檢事ヲシテ口頭辯論ニ立會ハシムヘシ

第八十七條　本章ノ規定ニ依ル訴訟ヲ提起セムトスル者ハ保證金トシテ三百圓

又ハ之ニ相當スル額面ノ國債證書ヲ供託スルコトヲ要ス

原告敗訴ノ場合ニ於テ裁判確定ノ日ヨリ七日以內ニ裁判費用ヲ完納セサルトキハ保證金ヲ以テ之ニ充當シ仍足ラサルトキハ之ヲ追徵ス

第九十一條　選擧事務所ハ選擧ノ當日ニ限リ投票所ヲ設ケタル場所ノ入口ヨリ三町以內ノ區域ニ之ヲ置クコトヲ得ス

第九十二條　休憩所其ノ他之ニ類似スル設備ハ選擧運動ノ爲之ヲ設クルコトヲ得ス

第九十八條　何人ト雖投票ヲ得若ハ得シメ又ハ得シメサルノ目的ヲ以テ戶別訪問

第九十九條　選擧權ヲ有セサル者ハ選擧事務長、選擧委員又ハ選擧事務員ト爲ルコトヲ得ス

選擧事務ニ關係アル官吏及吏員ハ其ノ關係區域內ニ於ケル選擧運動ヲ爲スコ

【衆議院議員選擧法】（抄錄）

トヲ得ス

第百條　內務大臣ハ選擧運動ノ爲頒布シ又ハ揭示スル文書圖畫ニ關シ命令ヲ以テ制限ヲ設クルコトヲ得

第百十條　議員候補者ノ爲支出セラレタル選擧運動ノ費用カ第百二條第二項ノ規定ニ依リ告示セラレタル額ヲ超エタルトキハ其ノ議員候補者ノ當選ヲ無效トス

但シ議員候補者及推薦屆出者カ選擧事務長又ハ之ニ代リテ其ノ職務ヲ行フ者ノ選任及監督ニ付相當ノ注意ヲ爲シ且選擧事務長又ハ之ニ代リテ其ノ職務ヲ行フ者ニ於テ選擧運動ノ費用ノ支出ニ付過失ナカリシトキハ此ノ限ニ在ラス

第十二章　罰則

第百十一條　詐僞ノ方法ヲ以テ選擧人名簿ニ登錄セラレタル者又第二十五條第

二項ノ場合ニ於テ虚僞ノ宣言ヲ爲シタル者ハ百圓以下ノ罰金ニ處ス

第百十二條　左ノ各號ニ掲クル行爲ヲ爲シタル者ハ二年以下ノ懲役若ハ禁錮又ハ千圓以下ノ罰金ニ處ス

一　當選ヲ得若ハ得シメ又ハ得シメサル目的ヲ以テ選擧人又ハ選擧運動者ニ對シ金錢、物品其ノ他ノ財產上ノ利益若ハ公私ノ職務ノ供與、其ノ供與ノ申込若ハ約束ヲ爲シ又ハ饗應接待、其ノ申込若ハ約束ヲ爲シタルトキ

二　當選ヲ得若ハ得シメ又ハ得シメサル目的ヲ以テ選擧人又ハ選擧運動者ニ對シ其ノ者又ハ其ノ者ノ關係アル社寺、學校、會社、組合、市町村等ニ對スル用水、小作、債權、寄附其ノ他特殊ノ直接利害關係ヲ利用シテ誘導ヲ爲シタルトキ

三　投票ヲ爲シ若ハ爲ササルコト、選擧運動ヲ爲シ若ハ止メタルコト又ハ其ノ周旋勸誘ヲ爲シタルコトノ報酬ト爲ス目的ヲ以テ選擧人又ハ選擧運動

【衆議院議員選擧法】（抄錄）

【衆議院議員選擧法】（抄錄）

者ニ對シ第一號ニ揭クル行爲ヲ爲シタルトキ

四　第一號若ハ前號ノ供與、饗應接待ヲ受ケ若ハ要求シ、第一號若ハ前號ノ申込ヲ承諾シ又ハ第二號ノ誘導ニ應シ若ハ之ヲ促シタルトキ

五　前各號ニ揭クル行爲ニ關シ周旋又ハ勸誘ヲ爲シタルトキ

第百十三條　左ノ各號ニ揭クル行爲ヲ爲シタル者ハ三年以下ノ懲役若ハ禁錮又ハ二千圓以下ノ罰金ニ處ス

一　議員候補者タルコト若ハ議員候補者タラムトスルコトヲ止メシムル目的ヲ以テ議員候補者若ハ議員候補者タラムトスル者ニ對シ又ハ當選ヲ辭セシムル目的ヲ以テ當選人ニ對シ前條第一號又ハ第二號ニ揭クル行爲ヲ爲シタルトキ

二　議員候補者タルコト若ハ議員候補者タラムトスルコトヲ止メタルコト、當選ヲ辭シタルコト又ハ其ノ周旋勸誘ヲ爲シタルコトノ報酬ト爲ス目的

ヲ以テ議員候補者タリシ者、議員候補者タラムトシタル者又ハ當選人タリシ者ニ對シ前條第一號ニ揭クル行爲ヲ爲シタルトキ

三　前二號ノ供與、饗應接待ヲ受ケ若ハ要求シ、前二號ノ申込ヲ承諾シ又ハ第一號ノ誘導ニ應シ若ハ之ヲ促シタルトキ

四　前各號ニ揭クル行爲ニ關シ周旋又ハ勸誘ヲ爲シタルトキ

第百十四條　前二條ノ場合ニ於テ收受シタル利益ハ之ヲ沒收ス其ノ全部又ハ一部ヲ沒收スルコト能ハサルトキハ其ノ價額ヲ追徵ス

第百十五條　選擧ニ關シ左ノ各號ニ揭クル行爲ヲ爲シタル者ハ三年以下ノ懲役若ハ禁錮又ハ二千圓以下ノ罰金ニ處ス

一　選擧人、議員候補者、議員候補者タラムトスル者、選擧運動者又ハ當選人ニ對シ暴行若ハ威力ヲ加ヘ又ハ之ヲ拐引シタルトキ

二　交通若ハ集會ノ便ヲ妨ケ又ハ演說ヲ妨害シ其ノ他僞計詐術不正ノ方法ヲ

【衆議院議員選擧法】（抄錄）

【衆議院議員選擧法】(抄錄)

以テ選擧ノ自由ヲ妨害シタルトキ

三　選擧人、議員候補者、議員候補者タラムトスル者、選擧運動者若ハ當選人又ハ其ノ關係アル社寺、學校、會社、組合、市町村等ニ對スル用水、小作、債權、寄附其ノ他特殊ノ利害關係ヲ利用シテ選擧人、議員候補者、議員候補者タラムトスル者、選擧運動者又ハ當選人ヲ威逼シタルトキ

第百十六條　選擧ニ關シ官吏又ハ吏員故意ニ其ノ職務ノ執行ヲ怠リ又ハ職權ヲ濫用シテ選擧ノ自由ヲ妨害シタルトキハ三年以下ノ禁錮ニ處ス

官吏又ハ吏員選擧人ニ對シ其ノ投票セムトシ又ハ投票シタル被選擧人ノ氏名ノ表示ヲ求メタルトキハ三月以下ノ禁錮又ハ百圓以下ノ罰金ニ處ス

第百十七條　選擧事務ニ關係アル官吏、吏員、立會人又ハ監視者選擧人ノ投票シタル被選擧人ノ氏名ヲ表示シタルトキハ二年以下ノ禁錮又ハ千圓以下ノ罰金ニ處ス其ノ表示シタル事實虛僞ナルトキ亦同シ

第百十八條　投票所又ハ開票所ニ於テ正當ノ事由ナクシテ選擧人ノ投票ニ關涉シ又ハ被選擧人ノ氏名ヲ認知スルノ方法ヲ行ヒタル者ハ一年以下ノ禁錮又ハ五百圓以下ノ罰金ニ處ス

法令ノ規定ニ依ラスシテ投票函ヲ開キ又ハ投票函中ノ投票ヲ取出シタル者ハ三年以下ノ懲役若ハ禁錮又ハ二千圓以下ノ罰金ニ處ス

第百十九條　投票管理者、開票管理者、選擧長、立會人若ハ選擧監視者ニ暴行若ハ脅迫ヲ加ヘ、選擧會場、開票所若ハ投票所ヲ騷擾シ又ハ投票、投票函其ノ他關係書類ヲ抑留、毀壞若ハ奪取シタル者ハ四年以下ノ懲役又ハ禁錮ニ處ス

第百二十條　多衆聚合シテ第百十五條第一號又ハ前條ノ罪ヲ犯シタル者ハ左ノ區別ニ從テ處斷ス

一　首魁ハ一年以上七年以下ノ懲役又ハ禁錮ニ處ス

【衆議院議員選擧法】（抄錄）

二　他人ヲ指揮シ又ハ他人ニ率先シテ勢ヲ助ケタル者ハ六月以上五年以下ノ懲役又ハ禁錮ニ處ス

三　附和隨行シタル者ハ百圓以下ノ罰金又ハ科料ニ處ス

第百十五條第一號又ハ前條ノ罪ヲ犯ス爲多衆聚合シ當該公務員ヨリ解散ノ命ヲ受クルコト三回以上ニ及フモ仍解散セサルトキハ首魁ハ二年以下ノ禁錮ニ處シ其ノ他ノ者ハ百圓以下ノ罰金又ハ科料ニ處ス

第百二十一條　選擧ニ關シ銃砲、刀劍、棍棒其ノ他人ヲ殺傷スルニ足ルヘキ物件ヲ携帶シタル者ハ二年以下ノ禁錮又ハ千圓以下ノ罰金ニ處ス

警察官吏又ハ憲兵ハ必要ト認ムル場合ニ於テ前項ノ物件ヲ領置スルコトヲ得

第百二十二條　前條ノ物件ヲ携帶シテ選擧會場、開票所又ハ投票所ニ入リタル者ハ三年以下ノ禁錮又ハ二千圓以下ノ罰金ニ處ス

第百二十三條　前二條ノ罪ヲ犯シタル場合ニ於テハ其ノ携帶シタル物件ヲ沒收

ス

第百二十四條　選擧ニ關シ多衆聚合シ若ハ隊伍ヲ組ミテ往來シ又ハ煙火、松明ノ類ヲ用ヒ鐘皷、喇叭、ノ類ヲ鳴シ旗幟其ノ他ノ標章ヲ用フル等氣勢ヲ張ルノ行爲ヲ爲シ警察官吏ノ制止ヲ受クルモ仍其ノ命ニ從ハサル者ハ六月以下ノ禁錮又ハ三百圓以下ノ罰金ニ處ス

第百二十五條　演說又ハ新聞紙、雜誌、引札、張札其ノ他何等ノ方法ヲ以テスルニ拘ラス第百十二條、第百十三條、第百十五條、第百十八條乃至第百二十二條及前條ノ罪ヲ犯サシムル目的ヲ以テ人ヲ煽動シタル者ハ一年以下ノ禁錮又ハ五百圓以下ノ罰金ニ處ス但シ新聞紙雜誌ニ在リテハ仍其ノ編輯人及實際編輯ヲ擔當シタル者ヲ罰ス

第百二十六條　演說又ハ新聞紙、雜誌、引札、張札其ノ他何等ノ方法ヲ以テスルニ拘ラス左ノ各號ニ揭クル行爲ヲ爲シタル者ハ二年以下ノ禁錮又ハ千圓以

【衆議院議員選擧法】（抄錄）

【衆議院議員選擧法】（抄錄）

下ノ罰金ニ處ス新聞紙及雜誌ニ在リテハ前條但書ノ例ニ依ル
一 當選ヲ得又ハ得シムル目的ヲ以テ議員候補者ノ身分、職業又ハ經歷ニ關シ虛僞ノ事項ヲ公ニシタルトキ
二 當選ヲ得シメサル目的ヲ以テ議員候補者ニ關シ虛僞ノ事項ヲ公ニシタルトキ

第百二十七條 選擧人ニ非サル者投票ヲ爲シタルトキハ一年以下ノ禁錮又ハ五百圓以下ノ罰金ニ處ス
氏名ヲ詐稱シ其ノ他詐僞ノ方法ヲ以テ投票ヲ爲シタル者ハ二年以下ノ禁錮又ハ千圓以下ノ罰金ニ處ス
投票ヲ僞造シ又ハ其ノ數ヲ增減シタル者ハ三年以下ノ懲役若ハ禁錮又ハ二千圓以下ノ罰金ニ處ス
選擧事務ニ關係アル官吏、吏員、立會人又ハ監視者前項ノ罪ヲ犯シタルトキ

ハ五年以下ノ懲役若ハ禁錮又ハ二千圓以下ノ罰金ニ處ス

第百二十八條　立會人正當ノ事故ナクシテ本法ニ定メタル義務ヲ缺クトキハ百圓以下ノ罰金ニ處ス

第百二十九條　第九十六條若ハ第九十八條ノ規定ニ違反シタル者又ハ第九十四條ノ規定ニ依ル命令ニ從ハサル者ハ一年以下ノ禁錮又ハ五百圓以下ノ罰金ニ處ス

第百三十條　第九十條第一項第二項ノ規定ニ依ル定數ヲ超エ若ハ第九十一條ノ規定ニ違反シテ選擧事務所ヲ設置シタル者又ハ第九十二條ノ規定ニ違反シテ休憩所其ノ他之ニ類似スル設備ヲ設ケタル者ハ三百圓以下ノ罰金ニ處ス

第九十三條ノ規定ニ依ル定數ヲ超エテ選擧委員又ハ選擧事務員ノ選任ヲ爲シタル者亦前項ニ同シ

第百三十一條　第八十九條第一項、第九十九條又ハ第百九條ノ規定ニ違反シタ

【衆議院議員選擧法】（抄錄）

ル者ハ六月以下ノ禁錮又ハ三百圓以下ノ罰金ニ處ス

第百三十二條　第八十八條第五項乃至第七項又ハ第八十九條第四項ノ屆出ヲ怠リタル者ハ百圓以下ノ罰金ニ處ス

第百條ノ規定ニ依ル命令ニ違反シタル者亦前項ニ同シ

第百三十三條　選擧事務長又ハ選擧事務長ニ代リ其ノ職務ヲ行フ者第百二條第二項ノ規定ニ依リ告示セラレタル額ヲ超エ選擧運動ノ費用ヲ支出シ又ハ第百一條第一項但書ノ規定ニ依ル承諾ヲ與ヘテ支出セシメタルトキハ一年以下ノ禁錮又ハ五百圓以下ノ罰金ニ處ス

第百三十四條　第百一條ノ規定ニ違反シテ選擧運動ノ費用ヲ支出シタル者ハ一年以下ノ禁錮ニ處ス

第百三十五條　左ノ各號ニ揭クル行爲ヲ行シタル者ハ六月以下ノ禁錮又ハ三百圓以下ノ罰金ニ處ス

一　第百五條ノ規定ニ違反シテ帳簿ヲ備ヘス又ハ帳簿ニ記載ヲ爲サス若ハ之ニ虛僞ノ記入ヲ爲シタルトキ
二　第百六條第一項ノ屆出ヲ怠リ又ハ虛僞ノ屆出ヲ爲シタルトキ
三　第百七條第一項ノ規定ニ違反シテ帳簿又ハ書類ヲ保存セサルトキ
四　第百七條第一項ノ規定ニ依リ保存スヘキ帳簿又ハ書類ニ虛僞ノ記入ヲ爲シタルトキ
五　第百八條ノ規定ニ依ル帳簿若ハ書類ノ提出若ハ檢査ヲ拒ミ若ハ之ヲ妨ケ又ハ說明ノ求ニ應セサルトキ

第百三十六條　當選人其ノ選擧ニ關シ本章ニ揭クル罪ヲ犯シ刑ニ處セラレタルトキハ其ノ當選ヲ無效トス選擧事務長第百十二條又ハ第百十三條ノ罪ヲ犯シ刑ニ處セラレタルトキ亦同シ但シ選擧事務長ノ選任及監督ニ付相當ノ注意ヲ爲シタルトキハ此ノ限ニ在ラス

【衆議院議員選擧法】（抄錄）

【衆議院議員選擧法】（抄錄）

第百三十七條　本章ニ揭クル罪ヲ犯シタル者ニシテ罰金ノ刑ニ處セラレタル者ニ在リテハ其ノ裁判確定ノ後五年間、禁錮以上ノ刑ニ處セラレタル者ニ在リテハ其ノ裁判確定ノ後刑ノ執行ヲ終ル迄又ハ刑ノ時效ニ因ル場合ヲ除クノ外刑ノ執行ノ免除ヲ受クル迄ノ間及其ノ後五年間衆議院議員及選擧ニ付本章ノ規定ヲ準用スル議會ノ議員ノ選擧權及被選擧權ヲ有セス禁錮以上ノ刑ニ處セラレタル者ニ付其ノ裁判確定ノ後刑ノ執行ヲ受クルコトナキニ至ル迄ノ間亦同シ

前項ニ規定スル者ト雖情狀ニ因リ裁判所ハ刑ノ言渡ト同時ニ前項ノ規定ヲ適用セス又ハ其ノ期間ヲ短縮スル旨ノ宣告ヲ爲スコトヲ得

前二項ノ規定ハ第六條第五號ノ規定ニ該當スル者ニハ之ヲ適用セス

第百三十八條　第百二十七條第三項及第四項ノ罪ノ時效ハ一年ヲ經過スルニ因リテ完成ス

前項ニ掲クル罪以外ノ本章ノ罪ノ時效ハ六月ヲ經過スルニ因リテ完成ス但シ犯人逃亡シタルトキハ其ノ期間ハ一年トス

第百四十一條　選擧ニ關スル訴訟ニ付テハ本法ニ規定シタルモノヲ除クノ外民事訴訟ノ例ニ依ル選擧ニ關スル訴訟ニ付テハ裁判所ハ他ノ訴訟ノ順序ニ拘ラス速ニ其ノ裁判ヲ爲スヘシ

第百四十二條　第十二章ニ掲クル罪ニ關スル刑事訴訟ニ付テハ上告裁判所ハ刑事訴訟法第四項二十二條第一項ノ期間ニ依ラサルコトヲ得

【衆議院議員選擧法】（抄錄）　　　　【終　り】

【講義】　本條は選擧人名簿に關する異議決定其他に關する規定である。

第四十條　本法又ハ本法ニ基キテ發スル勅令ニ依リ設置スル議會ノ議員ノ選擧ニ付テハ衆議院議員選擧ニ關スル罰則ヲ準用ス（大正十年法律第五十八號ヲ以テ第二項削除）

【講義】　本條は本法に基きて發する勅令に依り設置する議會の議員の選擧に

付ては衆議院議員選擧に關する罰則を準用する事を規定したのである。

第二款　職務權限

本款は市會の職務權限を規定したるものである。

第四十一條　市會ハ市ニ關スル事件及法律勅令ニ依リ其ノ權限ニ屬スル事件ヲ議決ス

【講義】本條は市會は市に關する事件及法律勅令に依り其の權限に屬する事件を議決する事を規定したるものである。即ち市會の職務の權限を規定したるものである。

第四十二條　市會ノ議決スヘキ事件ノ概目左ノ如シ

一　市條例及市規則ヲ設ケ又ハ改廢スル事

二 市費ヲ以テ支辨スヘキ事業ニ關スル事
但シ第九十三條ノ事務及法律勅令ニ規定アルモノハ此ノ限ニ在ラス
三 歳入出豫算ヲ定ムル事
四 決算報告ヲ認定スル事
五 法令ニ定ムルモノヲ除クノ外使用料、手數料加入金市税又ハ夫役現品ノ賦課徴收ニ關スル事
六 不動産ノ管理處分及取得ニ關スル事
七 基本財産及積立金穀等ノ設置管理及處分ニ關スル事
八 歳入出豫算ヲ以テ定ムルモノヲ除クノ外新ニ義務ノ負擔ヲ爲シ及權利ノ拋棄ヲ爲ス事
九 財産及營造物ノ管理方法ヲ定ムル事但シ法律勅令ニ規定アルモノハ此ノ限ニ在ラス

十　市吏員ノ身元保證ニ關スル事
十一　市ニ係ル訴願訴訟及和解ニ關スル事
【講義】本條は市會の議決事項を規定したものである。
第四十三條　市會ハ其ノ權限ニ屬スル事項ノ一部ヲ市參事會ニ委任スルコトヲ得
【講義】本條は市會の權限に關する事項の一部を市參事會に委任する事を規定したるものである。
第四十四條　市會ハ法律勅令ニ依リ其ノ權限ニ屬スル選擧ヲ行フヘシ
【講義】本條は市會の權限に關する選擧を行ふことを規定したるものである
第四十五條　市會ハ市ノ事務ニ關スル書類及計算書ヲ檢閲シ市長ノ報告ヲ請求シテ事務ノ管理、議決ノ執行及出納ヲ檢査スルコトヲ得
市會ハ議員中ヨリ委員ヲ選擧シ市長又ハ其ノ指名シタル吏員立會ノ上實地ニ

就キ前項市會ノ權限ニ屬スル事件ヲ行ハシムルコトヲ得

【講義】本條は市會は市の事務に關する書類及計算書を檢閲する權限を規定したるものでアる。

第四十六條　市會ハ市ノ公益ニ關スル事件ニ付意見書ヲ關係行政官廳ニ提出スルコトヲ得（昭和四年法律第五十六號改正）

【講義】本條は市會は市の公益に關する事件に付き意見書の提出權を規定したるものである。

第四十七條　市會ハ行政廳ノ諮問アルトキハ意見ヲ答申スヘシ

市會ノ意見ヲ徵シテ處分ヲ爲スヘキ場合ニ於テ市會成立セス、招集ニ應セス若ハ意見ヲ提出セス又ハ市會ヲ招集スルコト能ハサルトキハ當該行政廳ハ其ノ意見ヲ俟タスシラ直ニ處分ヲ爲スコトヲ得

【講義】本條は行政廳が市會に對する諮問權ある事を規定したるものである

第四十八條　市會ハ議員中ヨリ議長及副議長一人ヲ選擧スヘシ
議長及副議長ノ任期ハ議員ノ任期ニ依ル
【講義】　本條は市會の議長副議長を選擧すべき事と、其の任期とを規定したるものである。
第四十九條　議長故障アルトキハ副議長之ニ代ハリ議長及副議長共ニ故障アルトキハ臨時ニ議員中ヨリ假議長ヲ選擧スヘシ
前項假議長ノ選擧ニ付テハ年長ノ議員議長ノ職務ヲ代理ス年齡同シキトキハ抽籤ヲ以テ之ヲ定ム（大正十五年法律第七十四號本項追加）
【講義】　本條は市會議長及副議長の選擧及代理に關する規定である。
第五十條　市長及其ノ委任及其ノ委任又ハ囑託ヲ受ケタル者ハ會議ニ列席シテ議事ニ參與スルコトヲ得但シ議決ニ加ハルコトヲ得ス
前項ノ列席者發言ヲ求ムルトキハ議長ハ直ニ之ヲ許スヘシ但シ之カ爲議員ノ

演説ヲ中止セシムルコトヲ得ス

第五十一條　市會ハ市長之ヲ招集ス議員定數三分ノ一以上ヨリ會議ニ付スヘキ事件ヲ示シテ市會招集ノ請求アルトキハ市長ハ之ヲ招集スヘシ（昭和四年法律第五十六號改正）

市長ハ會期ヲ定メテ市會ヲ招集スルコトヲ得此ノ場合ニ於テ必要アリト認ムルトキハ市長ハ更ニ期限ヲ定メ市會ノ會期ヲ延長スルコトヲ得（同上）

招集及會議ノ事件ハ開會ノ日前三日目迄ニ之ヲ告知スヘシ但シ急施ヲ要スル場合ハ此ノ限ニ在ラス（大正十五年法律第七十四號改正）

市會開會中急施ヲ要スル事件アルトキハ市長ハ直ニ之ヲ其ノ會議ニ付スルコトヲ得會議ニ付スル日前三日目迄ニ告知ヲ爲シタル事件ニ付亦同シ（同上）

市會ハ市長之ヲ開閉ス

【講義】　本條は市會の招集開閉會期延長等に關する規定である。

第五十二條　市會ハ議員定數ノ半數以上出席スルニ非サレハ會議ヲ開クコトヲ得ス但シ第五十四條ノ除斥ノ爲半數ニ滿タサルトキ、同一ノ事件ニ付招集再回ニ至ルモ仍半數ニ滿タサルトキ又ハ招集ニ應スルモ出席議員定數ヲ闕キ議長ニ於テ出席ヲ催告シ仍半數ニ滿タサルトキハ此ノ限ニ在ラス

第五十三條　市會ノ議事ハ過半數ヲ以テ決ス可否同數ナルトキハ議長ノ決スル所ニ依ル

議長ハ其ノ職務ヲ行フ場合ニ於テモ之カ爲議員トシテ議決ニ加ハルノ權ヲ失ハス【大正十五年法律第七十四號追加】

【講義】　本條は市會の議事に就き可否の數に關する規定である。

第五十四條　議長及議員ハ自己又ハ父母、祖父母、妻、子孫、兄弟姉妹ノ一身上ニ關スル事件ニ付テハ其ノ議事ニ參與スルコトヲ得ス但シ市會ノ同意ヲ得タルトキハ會議ニ出席シ發言スルコトヲ得

【講義】　本條は市會に於いて議長が議事に參與することを得ざる場合を規定したるのである。

第五十五條　法律勅令ニ依リ市會ニ於テ行フ選擧ニ付テハ第二十五條、第二十八條及第三十條ノ規定ヲ準用ス其ノ投票ノ效力ニ關シ異議アルトキハ市會之ヲ決定ス（昭和四年法律第五十六條改正）

市會ハ議員中異議ナキトキハ前項ノ選擧ニ付指名推選ノ法ヲ用フルコトヲ得（同上）

指名推選ノ法ヲ用フル場合ニ於テハ被指名者ヲ以テ當選者ト定ムヘキヤ否ヤヲ會議ニ付シ議員全員ノ同意ヲ得タル者ヲ以テ當選者トス（同上）

一ノ選擧ヲ以テ二人以上ヲ選擧スル場合ニ於テハ被指名者ヲ區分シテ前項ノ規定ヲ適用スルコトヲ得ス（同上）

【講義】　本條は法律勅令に依る市會の選擧を行ふ場合の外市會に於て指名推選を行ふ規定である。

第五十六條　市會ノ會議ハ公開ス但シ左ノ場合ハ此ノ限ニ在ラス

一　市長ヨリ傍聽禁止ノ要求ヲ受ケタルトキ
二　議長又ハ議員三人以上ノ發議ニ依リ傍聽禁止ヲ可決シタルトキ
前項議長又ハ議員ノ發議ハ討論ヲ須ヰス其ノ可否ヲ決スヘシ
【講義】　本條は市會の傍聽禁止を爲す場合を規定したるものである。
第五十七條　議長ハ會議ヲ總理シ會議ノ順序ヲ定メ其ノ日ノ會議ヲ開閉シ議場ノ秩序ヲ保持ス
議員定數ノ半數以上ヨリ請求アルトキハ議長ハ其ノ日ノ會議ヲ開クコトヲ要ス此ノ場合ニ於テ議長仍會議ヲ開カサルトキハ第四十九條ノ例ニ依ル（大正十年法律第五十八號ヲ以テ本項追加）
前項議員ノ請求ニ依リ會議ヲ開キタルトキ又ハ議員中異議アルトキハ議長ハ會議ノ議決ニ依ルニ非サレハ其ノ日ノ會議ヲ閉チ又ハ中止スルコトヲ得ス（同上）

第五十七條ノ二　市會議員ハ市會ノ議決スヘキ事件ニ付キ市會ニ議案ヲ發スルコトヲ得但シ歳入出豫算ニ付テハ此ノ限ニ在ラス（昭和四年法律第五十六號ヲ以テ本條追加）

前項ノ規定ニ依ル發案ハ議員三人以上ヨリ文書ヲ以テ之ヲ爲スコトヲ要ス

【講義】　本條は市會議長及び議員權限を規定したるものである。

第五十八條　議員ハ選擧人ノ指示又ハ委囑ヲ受クヘカラス

議員ハ會議中無禮ノ語ヲ用ヰ又ハ他人ノ身上ニ渉リ言論スルコトヲ得ス

【講義】　本條は市會議員の義務を規定したるものである。

第五十九條　會議中本法又ハ會議規則ニ違ヒ其ノ他ノ議場ノ秩序ヲ紊ス議員アルトキハ議長ハ之ヲ制止シ又ハ發言ヲ取消サシメ命ニ從ハサルトキハ當日ノ會議ヲ終ル迄發言ヲ禁止シ又ハ議場外ニ退去セシメ必要アル場合ニ於テハ警察官吏ノ處分ヲ求ムルコトヲ得

議場騷擾ニシテ整理シ難キトキハ議長ハ當日ノ會議ヲ中止シ又ハ之ヲ閉ツルコトヲ得

【講義】本條は市會議場の秩序維持上議長の議場取締に關して規定したのである。

第六十條　傍聽人公然可否ヲ表シ又ハ喧騷ニ渉リ其ノ他會議ノ妨害ヲ爲ストキハ議長ハ之ヲ制止シ命ニ從ハサルトキハ之ヲ退場セシメ必要アル場合ニ於テハ警察官吏ノ處分ヲ求ムルコトヲ得

傍聽席騷擾ナルトキハ議長ハ總テノ傍聽人ヲ退場セシメ必要アル場合ニ於テハ警察官吏ノ處分ヲ求ムルコトヲ得

【講義】本條は市會議長の傍聽人取締に關して規定したるものである。

第六十一條　市會ニ書記ヲ置キ議長ニ隷屬シテ庶務ヲ處理セシム

書記ハ議長之ヲ任免ス

【講義】　本條は市會に書記を置き、議長の部下になり任免は議長の自由に爲す事を規定したのである。

第六十二條　議長ハ書記ヲシテ會議錄ヲ調製シ會議ノ顚末及出席議員ノ氏名ヲ記載セシムヘシ

會議錄ハ議長及議員二人以上之ニ署名スルコトヲ要ス其ノ議員ハ市會ニ於テ之ヲ定ムヘシ

議長ハ會議錄ヲ添ヘ會議ノ結果ヲ市長ニ報告スヘシ

【講義】　本條は市會の會議錄調製に關して規定したのである。

第六十三條　市會ハ會議規則及傍聽人取締規則ヲ設クヘシ

會議規則ニハ本法及會議規則ニ違反シタル議員ニ對シ市會ノ議決ニ依リ五日以內出席ヲ停止スル規定ヲ設クルコトヲ得（大正十五年法律第七十四號改正）

【講義】　本條は市會の會議規則及傍聽人取締規則を設くる事を得る規定であ

る。

第三章　市參事會

第一款　組織及選擧

本章は市參事會に關する規定であつて、第一款は其の組織及市參事會員選擧に關する事を定めたる規定である。

第六十四條　市ニ市參事會ヲ置キ議長及名譽參事會員ヲ以テ組織ス（昭和四年法律第五十六號改正）

第六十五條　名譽職參事會員ノ定數ハ十人トス但シ勅令ヲ以テ指定スル市ニ於テハ市條例ヲ以テ十五人迄之ヲ增加スルコトヲ得（昭和四年法律第五十六號改正）

名譽職參事會員ハ市會ニ於テ其ノ議員中ヨリ之ヲ選擧スヘシ（同上）

名譽職參事會員中缺員アルトキハ直ニ補缺選擧ヲ行フヘシ

名譽職參事會員ハ隔年之ヲ選擧スヘシ（大正十五年法律第七十四號改正）

名譽職參事會員ハ後任者ノ就任スルニ至ル迄在任ス市會議員ノ任期滿了シタルトキ亦同シ（同上）

名譽職參事會員ハ其ノ選擧ニ關シ第九十條ノ處分確定シ又ハ判決アル迄ハ會議ニ列席シ議事ニ參與スルノ權ヲ失ハス（同上）

第六十六條　市參事會ハ市長ヲ以テ議長トス市長故障アルトキハ市長代理者之ヲ代理ス

【講義】本條は市參事會の議長を規定したるものである。

第二款　職務權限

本款は市參事會の職務權限を規定したるものである。

第六十七條　市參事會ノ職務權限左ノ如シ

一、市會ノ權限ニ屬スル事件ニシテ其ノ委任ヲ受ケタルモノヲ議決スル事
二、市會成立セサルトキ第五十二條但書ノ場合ニ於テ仍會議ヲ開クコト能ハサルトキ又ハ市長ニ於テ市會ヲ招集スルノ暇ナシト認ムルトキ市會ノ權限ニ屬スル事件ヲ市會ニ代ハリテ議決スルコト（昭和四年法律第五十六號改正）
三、其ノ他法令ニ依リ市參事會ノ權限ニ屬スル事件

【講義】本條は市參事會の職務權限を規定したるものである。

第六十八條　市參事會ハ市長之ヲ招集ス名譽職參事會員定數ノ半數以上ヨリ會議ニ付スヘキ事件ヲ示シテ市參事會招集請求アルトキハ市長ハ之ヲ招集スヘシ（昭和四年法律第五十六號改正）

【講義】本條は市參事會の招集に就き規定したるものである。

第六十九條　市參事會ノ會議ハ傍聽ヲ許サス

【講義】本條は市參事會の會議は傍聽を許さざる事を規定したるものである

第七十條　市參事會ハ議長又ハ其ノ代理者及名譽職參事會員定數ノ半數以上出席スルニ非サレハ會議ヲ開クコトヲ得ス但シ第二項ノ除斥ノ爲名譽職參事會員ノ半數ニ滿タサルトキ同一ノ事件ニ付招集再回ニ至ルモ仍名譽職參事會員其ノ半數ニ滿タサルトキ又ハ招集ニ應スルモ出席名譽職參事會員定數ヲ闕キ議長ニ於テ出席ヲ催告シ仍半數ニ滿タサルトキハ此ノ限ニ在ラス

議長及參事會員ハ自己又ハ父母、祖父母、妻、子孫、兄弟姉妹ノ一身上ニ關スル事件ニ付テハ其ノ議事ニ參與スルコトヲ得ス但シ市參事會ノ同意ヲ得タルトキハ會議ニ出席シ發言スルコトヲ得

議長及其ノ代理者共ニ前項ノ場合ニ當ルトキハ年長ノ名譽職參事會員議長ノ職務ヲ代理ス

【講義】　本條は市參事會の開會議長其の他に關する規定である。

第七十一條　第四十六條第四十七條第五十條第五十一條第二項及第五項第五十

三條第五十五條第五十七條乃至第五十九條第六十一條並第六十二條第一項及第二項ノ規定ハ市參事會ニ之ヲ準用ス

【講義】本條は市參事會の職務權限を規定したるものである。

第四章　市吏員

第一款　組織選擧及任免

本章は市の執行機關たる市吏員に關する規定である。而して第一款は其の組織選擧及任免に就て規定したのである。

第七十二條　市ニ市長及助役一人ヲ置ク(昭和四年法律第五十六號改正)

助役ノ定數ハ市條例ヲ以テ之ヲ增加スルコトヲ得

特別ノ必要アル市ニ於テハ市條例ヲ以テ市參與ヲ置クコトヲ得其ノ定數ハ其ノ市條例中ニ之ヲ規定スヘシ

【講義】本條は市の市長、助役、市參與の定數に關する規定である。

第七十三條　市長ハ有給吏員トス但シ市條例ヲ以テ名譽職ト爲スコトヲ得（昭和四年法律第五十六號改正）

市長ノ任期ハ四年トス

市長ハ市會ニ於テ之ヲ選擧ス

市長ノ在職中ニ於テ行フ後任市長ノ選擧ハ現在市長ノ任期滿了日前二十日以内又ハ現任市長ノ退職ノ申立アリタル場合ニ於テ其ノ退職スヘキ日前二十日以内ニ非サレハ之ヲ行フ事ヲ得ス

第三項ノ選擧ニ於テ當選者定マリタルトキハ直ニ當選者ニ當選ノ旨ヲ告知スヘシ

市長ニ當選シタル者告知ヲ受ケタルトキハ其ノ告知ヲ受ケタル日ヨリ二十日以内ニ其ノ當選ニ應スルヤ否ヲ申立ツヘシ其ノ期間内ニ當選ニ應スル旨ノ申立ヲ爲ササルトキハ當選ヲ辭シタルモノト看做ス

第三十二條第四項ノ規定ハ市長ニ當選シタル者ニ之ヲ準用ス
名譽職市長ハ市公民中選擧權ヲ有スル者ニ限ル
有給市長ハ其ノ退職セムトスル日前三十日目迄ニ申立ツルニ非サレハ任期中退職スル事ヲ得ス但シ市會ノ承認ヲ得タルトキハ此ノ限ニ在ラス

【講義】　本條は市長の地位任期中に關する規定である。

第七十四條　市參與ハ名譽職トス但シ定數ノ全部又ハ一部ヲ有給吏員ト爲スコトヲ得此ノ場合ニ於テハ第七十二條第三項ノ市條例中ニ之ヲ規定スヘシ

【講義】　本條は市參與に就ての規定である。

第七十五條　助役ハ有給吏員トシ其ノ任期ハ四年トス
助役ハ市長ノ推薦ニ依リ市會之ヲ定メ市長職ニ在ラサルトキハ市會ニ於テ之ヲ選擧ス（大正十五年法律第七十四號改正）
第七十三條第四項乃至第七項及第九項ノ規定ハ助役ニ之ヲ準用ス（昭和四年

法律第五十六號改正）

【講義】本條は市の助役に關する規定である。

第七十六條　有給市長有給市參與及助役ハ第九條第一項ノ規定ニ拘ラス在職ノ間其ノ市ノ公民トス（昭和四年法第律五十六號改正）

第七十七條　市長市參與及助役ハ第十八條第二項又ハ第四項ニ揭ケタル職ト兼ヌルコトヲ得ス又其市ニ對シ請負ヲ爲シ又ハ其ノ市ニ於テ費用ヲ負擔スル事業ニ付市長若ハ其ノ委任ヲ受ケタル者ニ對シ請負ヲ爲ス者其ノ支配人又ハ主トシテ同一ノ行爲ヲ爲ス法人ノ無限責任社員取締役監査役若ハ之ニ準スヘキ者淸算人及支配人タルコトヲ得ス（大正十九年法律第七十四號改正）

第七十八條　有給市長ハ府縣知事ノ許可ヲ受クルニ非サレハ他ノ報償アル業務ニ從事スルコトヲ得ス（昭和四年法律第五十六號改正）

有給市長有給市參與及助役ハ會社ノ取締役監査役若ハ之ニ準スヘキ者

清算人又ハ支配人其ノ他ノ事務員タルコトヲ得ス（同上）

第七十九條　市ニ收入役一人ヲ置ク但シ市條例ヲ以テ副收入役ヲ置クコトヲ得
第七十三條第四項乃至第七項、第七十五條第一項及第二項、第七十六條、第七十七條前條第二項ノ規定ハ收入役及副收入役ニ之ヲ準用ス（昭和四年法律第五十六號改正）
市長市參與又ハ助役ト父子兄弟タル緣故アル者ハ收入役又ハ副收入役ノ職ニ在ルコトヲ得ス收入役ト父子兄弟タル緣故アル者ハ副收入役ノ職ニ在ルコトヲ得ス

【講義】本條は市の收入役、副收入役の地位に關する制限規定である。

第八十條　第六條ノ市ノ區ニ區長一人ヲ置キ市有給吏員トシ市長之ヲ任免ス
第七十七條第一項及第七十八條第二項ノ規定ハ區長ニ之ヲ準用ス

【講義】本條は市の區長に關する規定である。

第八十一條　第六條ノ市ノ區ニ區收入役一人又ハ區收入役及區副收入役各一人

ヲ置ク
區收入役及副收入役ハ第八十六條ノ吏員中市長、助役、市收入役市副收入役又ハ區長トノ間及其ノ相互ノ間ニ父子兄弟タル緣故アラサル者ニ就キ市長之ヲ命ス
區收入役又ハ區副收入役ト爲リタル後市長、助役、市收入役、市副收入役又ハ區長トノ間ニ父子兄弟タル緣故生シタルトキハ區收入役又ハ區副收入役ハ其ノ職ヲ失フ
前項ノ規定ハ區收入役及區副收入役相互ノ間ニ於テ區副收入役ニ之ヲ準用ス
【講義】本條は第六條の區收入役區副收入役の任免、在職の制限に關する規定である。

第八十二條　第六條ノ市ヲ除キ其ノ他ノ市ハ處務便宜ノ爲區ヲ劃シ區長及其ノ代理者一人ヲ置クコトヲ得

前項ノ區長及其ノ代理者ハ名譽職トス市公民中選擧權ヲ有スル者ヨリ市長ノ推薦ニ依リ市會之ヲ定ム此ノ場合ニ於テハ第七十三條第四項乃至第七項ノ規定ヲ準用ス(昭和四年法律第五十六號改正)

內務大臣ハ前項ノ規定ニ拘ラス區長ヲ有給吏員ト爲スヘキ市ヲ指定スルコトヲ得

前項ノ區ニ付テハ第八十條第八十一條第九十四條第二項第九十七條第四項第九十八條及第九十九條ノ規定ヲ準用スルノ外必要ナル事項ハ勅令ヲ以テ定ム

【講義】 本條は第六條の市を除き他の市は處務便宜の爲め區を劃し區長を置き、其の區長は名譽職とし其の選擧其他に關する事を規定したのである。

第八十三條　市ハ臨時又ハ常設ノ委員ヲ置クコトヲ得

委員ハ名譽職トス市會議員、名譽職參事會員又ハ市公民中選擧權ヲ有スル者ヨリ市長ノ推薦ニ依リ市會之ヲ定ム但シ委員長市長又ハ其ノ委任ヲ受ケタル市參與若ハ助役ヲ以テ之ニ充ツ（大正十五年法律第七十四號改正）

第七十三條第四項乃至第七項ノ規定ハ委員ニ之ヲ準用ス（昭和四年法律第五十六號改正）

委員ノ組織ニ關シテハ市條例ヲ以テ別段ノ規定ヲ設クルコトヲ得（同上順位繰下ケ）

【講義】　本條は市に臨時又は常設委員を置くとき市長の推薦に依り定め又組織に關する規定である。

第八十四條　市公民ニ限リテ擔任スヘキ職務ニ在ル吏員又ハ職ニ就キタルカ爲市公民タル者選擧權ヲ有セサルニ至リタルトキハ其ノ職ヲ失フ

前項ノ職務ニ在ル者ニシテ禁錮以上ノ刑ニ當ルヘキ罪ノ爲豫審又ハ公判ニ付セラレタルトキハ監督官廳ハ其ノ職務ノ執行ヲ停止スルコトヲ得此ノ場合ニ於テハ其ノ停止期間報酬又ハ給料ヲ支給スルコトヲ得ス

【講義】 本條は市吏員の失職及停職に關する規定である。

第八十五條 前數條ニ定ムル者ノ外市ニ必要ノ有給吏員ヲ置キ市長之ヲ任免ス
前項吏員ノ定數ハ市會ノ議決ヲ經テ之ヲ定ム

【講義】 本條は前各條に定むる者の外市にて必要なる有給吏員を置き市長之を任免する事を規定したるものである。

第八十六條 前數條ニ定ムル者ノ外第六條及第八十二條第三項ノ市ノ區ニ必要ノ市有給吏員ヲ置キ區長ノ申請ニ依リ市長之ヲ任免ス
前項吏員ノ定數ハ市會ノ議決ヲ經テ之ヲ定ム

【講義】 本條は市に補助有給吏員を置く事を規定したるものである。

第二款 職務權限

本款は市吏員の職務權限を規定したるものである。

第八十七條 市長ハ市ヲ統轄シ市ヲ代表ス

市長ノ擔任スル事務ノ概目左ノ如シ

一　市會及市參事會ノ議決ヲ經ヘキ事件ニ付其ノ議案ヲ發シ及其ノ議決ヲ執行スル事

二　財產及營造物ヲ管理スル事但シ特ニ之カ管理者ヲ置キタルトキハ其ノ事務ヲ監督スル事

三　收入支出ヲ命令シ及會計ヲ監督スル事

四　證書及公文書類ヲ保管スル事

五　法令又ハ市會ノ議決ニ依リ使用料、手數料、加入金、市稅又ハ夫役現品ヲ賦課徵收スル事

六　其ノ他法令ニ依リ市長ノ職權ニ屬スル事項

【講義】　本條は市長の職務權限を規定したるものである。

第八十八條　削除（大正十五年法律第七十四號）

第八十九條　市長ハ市吏員ヲ指揮監督シ之ニ對シ懲戒ヲ行フコトヲ得

處分ハ譴責及十圓以下ノ過怠金トス

【講義】 本條は市長が市吏員を指揮監督し懲戒權を有する事を規定したのである。

第九十條 市會又ハ市參事會ノ議決又ハ選擧ノ權限ヲ越エ又ハ法令若ハ會議規則ニ背クト認ムルトキハ市長ハ其ノ意見ニ依リ又ハ監督官廳ノ指揮ニ依リ理由ヲ示シテ之ヲ再議ニ付シ又ハ再選擧ヲ行ハシムヘシ但シ特別ノ事由アリト認ムルトキハ市長ハ議決ニ付テハ之ヲ再議ニ付セスシテ直ニ府縣參事會ノ裁決ヲ請フコトヲ得 (昭和四年法律第五十六號改正)

前項ノ規定ニ依リ爲シタル市會又ハ市參事會ノ議決仍其ノ權限ヲ越エ又ハ法令若ハ會議規則ニ背クト認ムルトキハ市長ハ府縣參事會ノ裁決ヲ請フヘシ

監督官廳ハ前二項ノ議決ハ選擧ヲ取消スコトヲ得

第一項若ハ第二項ノ裁決又ハ前項ノ處分ニ不服アル市長、市會又ハ市參事會

ハ行政裁判所ニ出訴スルコトヲ得
第一項又ハ第二項ノ裁決ニ付テハ府縣知事ヨリ訴訟ヲ提起スルコトヲ得
第九十條ノ二　市會又ハ市參事會ノ議決明ニ公益ヲ害スト認ムルトキハ市長ハ其ノ意見ニ依リ又ハ監督官廳ノ指揮ニ依リ理由ヲ示シテ之ヲ再議ニ付スヘシ但シ特別ノ事由アリト認ムルトキハ市長ハ之ヲ再議ニ付セスシテ直ニ府縣知事ノ指揮ヲ請フコトヲ得（昭和四年法律第五十六號追加）
本項ノ規定ニ依リ爲シタル市會又ハ市參事會ノ議決仍明ニ公益ヲ害スト認ムルトキハ市長ハ府縣知事ノ指揮ヲ請フヘシ
市會又ハ市參事會ノ議決收支ニ關シ執行スルコト能ハサルモノアリト認ムルトキハ前二項ノ例ニ依リ左ニ掲クル費用ヲ削除シ又ハ減額シタル場合ニ於テ其ノ費用及之ニ伴フ收入ニ付亦同シ
一、法令ニ依リ負擔スル費用、當該官廳ノ職權ニ依リ命スル費用其ノ他ノ市

ノ義務ニ屬スル費用

二、非常ノ災害ニ因ル應急又ハ復舊ノ施設ノ爲ニ要スル費用、傳染病豫防ノ爲ニ要スル費用其ノ他ノ緊急避クヘカラサル費用

前三項ノ規定ニ依リ府縣知事ノ處分ニ不服アル市長、市會又ハ市參事會ハ內務大臣ニ訴願スルコトヲ得

【講義】 本條は市會及市參事會の議決に關する規定である。

第九十一條 市會成立セサルトキ、第五十二條但書ノ場合ニ於テ仍會議ヲ開クコト能ハサルトキ又ハ市長ニ於テ市會ヲ招集スルノ暇ナシト認ムルトキハ市長ハ市會ノ權限ニ屬スル事件ヲ市參事會ノ議決ニ付スルコトヲ得

市參事會成立セサルトキ又ハ第七十條第一項但書ノ場合ニ於テ仍會議ヲ開クコト能ハサルトキハ市長ハ府縣知事ノ指揮ヲ請ヒ其ノ議決スヘキ事件ヲ處分スルコトヲ得(昭和四年法律第五十六號改正)

市會又ハ市參事會ニ於テ其ノ議決スヘキ事件ヲ議決セサルトキハ前項ノ例ニ依ル

市會又ハ市參事會ノ決定スヘキ事件ニ關シテハ前四項ノ例ニ依ル此ノ場合ニ於ケル市參事會又ハ府縣參事會ノ決定ニ關シテハ各本條ノ規定ニ準シ訴願又ハ訴訟ヲ提起スルコトヲ得

第一項及前三項ノ規定ニ依ル處置ニ付テハ次回ノ會議ニ於テ之ヲ市會又ハ市參事會ニ報告スヘシ

【講義】本條は市會又は市參事會か故障の爲め議決する事が出來ぬ時は、他の機關をして之れを爲さしむる規定である。

第九十二條　市參事會ニ於テ議決又ハ決定スヘキ事件ニ關シ臨時急施ヲ要スル場合ニ於テ市參事會成立セサルトキ又ハ市長ニ於テ之ヲ招集スルノ暇ナシト認ムルトキハ市長ハ之ヲ專決シ次回ノ會議ニ於テ之ヲ市參事會ニ報告スヘシ

前項ノ規定ニ依リ市長ノ爲シタル處分ニ關シテハ各本條ノ規定ニ準シ訴願又ハ訴訟ヲ提起スルコトヲ得

第九十二條ノ二　市會及市參事會ノ權限ニ屬スル事項ノ一部ハ其ノ議決ニ依リ市長ニ於テ專決處分スルコトヲ得（昭和四年法律第五十六號改正）

【講義】　市長は市參事會の一部の事務を專決處分出來得る規定である。

第九十三條　市長其ノ他市吏員ハ從來法令又ハ將來法律勅令ノ定ムル所ニ依リ國府縣其ノ他公共團體ノ事務ヲ掌ル　（昭和四年法律第五十六號改正）

前項ノ事務ヲ執行スル爲要スル費用ハ市ノ負擔トス但シ法令中別段ノ規定アルモノハ此ノ限ニ在ラス

【講義】　本條は市長其の他の市吏員は法令の定むる所に依り國府縣其他公共團體の事務を掌る事を規定したるものである。

第九十四條　市長ハ其ノ事務ノ一部ヲ助役ニ分掌セシムルコトヲ得

但シ市ノ事務ニ付テハ豫メ市會ノ同意ヲ得ルコトヲ要ス
第六條ノ市ノ市長ハ前項ノ例ニ依リ其ノ事務ノ一部ヲ區長ニ分掌セシムルコトヲ得
市長ハ市吏員ヲシテ其ノ事務ノ一部ヲ臨時代理セシムルコトヲ得
【講義】本條は市長の擔任事務の一部を助役、區長に分掌せしむるに關する規定である。
第九十五條　市參與ハ市長ノ指揮監督ヲ承ケ市ノ經營ニ屬スル特別ノ事業ヲ擔任ス
【講義】本條は市參與が市の經營事業を擔任するに關する理定である。
第九十六條　助役ハ市長ノ事務ヲ補助ス
助役ハ市長故障アルトキ之ヲ代理ス助役數人アルトキハ豫メ市長ノ定メタル順序ニ依リ之ヲ代理ス

【講義】　本條は助役の市長代理に關する規定である。

第九十七條　收入役ハ市ノ出納其ノ他ノ會計事務及第九十三條ノ事務ニ關スル國府縣其ノ他公共團體ノ出納其ノ他ノ會計事務ヲ掌ル但シ法令中別段ノ規定アルモノハ此ノ限ニアラス

副收入役ハ收入役ノ事務ヲ補助シ收入役故障アルトキ之ヲ代理ス副收入役數人アルトキハ豫メ市長ノ定メタル順序ニ依リ之ヲ代理ス

市長ハ收入役ノ事務ノ一部ヲ副收入役ニ分掌セシムルコトヲ得但シ市ノ出納其ノ他ノ會計事務ニ付テハ豫メ市會ノ同意ヲ得ルコトヲ要ス

第六條ノ市ノ市長ハ前項ノ例ニ依リ收入役ノ事務ノ一部ヲ區收入役ニ分掌セシムルコトヲ得

副收入役ヲ置カサル場合ニ於テハ市會ハ市長ノ推薦ニ依リ收入役故障アルトキ之ヲ代理スヘキ吏員ヲ定ムヘシ

【講義】　本條は市の收入役及副收入役の職務權限を代理する吏員を規定したるものである。

第九十八條　第六條ノ市ノ區長ハ市長ノ命ヲ承ケ又ハ法令ノ定ムル所ニ依リ區內ニ關スル市ノ事務及區ノ事務ヲ掌ル

區長其ノ他區所屬ノ吏員ハ市長ノ命ヲ承ケ又ハ從來法令若ハ將來法律勅令ノ定ムル所ニ依リ國府縣其ノ他ノ公共團體ノ事務ヲ掌ル（昭和四年法律第五十六號改正）

區長故障アルトキハ區收入役及區副收入役ニ非サル區所屬ノ吏員中上席者ヨリ順次之ヲ代理ス

第一項及第二項ノ事務ヲ執行スル爲要スル費用ハ市ノ負擔トス但シ法令中別段ノ規定アルモノハ此ノ限ニ在ラス

【講義】　本條は第六條の市の區長及所屬吏員の職務權限に關する事を規定したるものである。

第九十九條　第六條ノ市ノ區收入役ハ市收入役ノ命ヲ承ケ又ハ法令ノ定ムル所ニ依リ市及區ノ出納其ノ他ノ會計事務ヲ掌リ市收入役ノ命ヲ承ケ又ハ從來法令若ハ將來法律勅令ノ定ムル所ニ依リ國府縣其ノ他公共團體ノ出納其ノ他ノ會計事務ヲ掌ル（昭和四年法律第五十六號改正）

區長ハ市長ノ許可ヲ得テ區收入役ノ事務ノ一部ヲ區副收入役ニ分掌セシムルコトヲ得但シ區ノ出納其ノ他ノ會計事務ニ付テハ豫メ區會ノ同意ヲ得ルコトヲ要ス

市長ハ市ノ出納其ノ他ノ會計事務ニ付前項ノ許可ヲ爲ス場合ニ於テハ豫メ市會ノ同意ヲ得ルコトヲ要ス

區副收入役ヲ置カサル場合ニ於テハ市長ハ區收入役故障アルトキ之ヲ代理スヘキ吏員ヲ定ムヘシ

區收入役及區副收入役ノ職務權限ニ關シテハ前四項ニ規定スルモノノ外市收

入役及市副收入役ニ關スル規定ヲ準用ス

【講義】本條は第六條の市の區收入役區副收入役の職務權限に關する規定である。

第百條　名譽職區長ハ市長ノ命ヲ承ケ市長ノ事務ニシテ區內ニ屬スルモノヲ補助ス

名譽職區長代理者ハ區長ノ事務ヲ補助シ區長故障アルトキ之ヲ代理ス

【講義】本條は名譽職區長の職務權限及區長代理者の職務權限を規定したるものである。

第百一條　委員ハ市長ノ指揮監督ヲ承ケ財產又ハ營造物ヲ管理シ其ノ他委託ヲ受ケタル市ノ事務ヲ調査シ又ハ之ヲ處辨ス

【講義】本條は市の委員の職務權限を規定したのである。

第百二條　第八十五條ノ吏員ハ市長ノ命ヲ承ケ事務ニ從事ス

【講義】本條は市長に於て任免すべき市吏員の職務權限を規定したるものである。

第百三條　第八十六條ノ吏員ハ區長ノ命ヲ承ケ事務ニ從事ス
區長ハ前項ノ吏員ヲシテ其ノ事務ノ一部ヲ臨時代理セシムルコトヲ得
【講義】本條は第八十六條の吏員の職務權限を規定したるものである。

第五章　給料及給與

本章は市參與、市會議員、名譽職、參事會員其の他の市吏員の給料及給與に關する規定である。

第百四條　名譽職市長、名譽職市參與、市會議員、名譽職參事會員其ノ他ノ名譽職員ハ職務ノ爲要スル費用ノ辨償ヲ受クルコトヲ得（昭和四年法律第五十六號改正）
名譽職市長、名譽職市參與、名譽職區長、名譽職區長代理者及委員ニハ費用

辨償ノ外勤務ニ相當スル報酬ヲ給スルコトヲ得(同上)

費用辨償額報酬額及其ノ支給方法ハ市條例ヲ以テ之ヲ規定スヘシ(同上)

第百五條　有給市長有給市參與　助役其ノ他ノ有給吏員ノ給料額、旅費額及其ノ支給方法ハ市條例ヲ以テ之ヲ規定スヘシ(同上)

【講義】第百四條は市の名譽職に支給すべき費用辨償及報酬に關する規定である。第百五條は市の有給吏員の給料、旅費の支給方法に關する規定である。

第百六條　有給吏員ニハ市條例ノ定ムル所ニ依リ退隱料、退職給與金死亡給與金又ハ遺族扶助料ヲ給スルコトヲ得

【講義】本條は市の有給吏員に、退隱料、退職給與金、死亡給與金、扶助料を支給するに就て規定したるものである。

第百七條　費用辨償、報酬、給料、旅費、退隱料、退職給與金、死亡給與金又

ハ遺族扶助料ノ給與ニ付關係者ニ於テ異議アルトキハ之ヲ市長ニ申立ツルコトヲ得

前項ノ異議ノ申立アリタルトキハ市長ハ七日以內ニ之ヲ市參事會ノ決定ニ付スヘシ關係者其ノ決定ニ不服アルトキハ府縣參事會ニ訴願シ其ノ裁決又ハ第三項ノ裁決ニ不服アルトキハ行政裁判所ニ出訴スルコトヲ得（大正十五年法律第七十四號改正）

前項ノ決定及裁決ニ付テハ市長ヨリモ訴願又ハ訴訟ヲ提起スルコトヲ得

前二項ノ裁決ニ付テハ府縣知事ヨリモ訴訟ヲ提起スルコトヲ得

【講義】　本條は費用、辨償其他諸給與に對して異議ある時に關する規定である。

第百八條　費用辨償、報酬、給料、旅費、退隱料、退職給與金死亡給與金遺族扶助料其ノ他ノ給與ハ市ノ負擔トス

【講義】　本條は費用辨償、報酬、給料、旅費、退隱料、退職給與金等其の他

の諸給與は市の負擔とする規定である。

第六章　市ノ財務

第一款　財産營造物及市税

本章は市の財務に關する規定にして、第一款は財産營造物及市税に關する規定である。

第百九條　收益ノ爲ニスル市ノ財產ハ基本財產トシテ之ヲ維持スヘシ
市ハ特定ノ目的ノ爲特別ノ基本財產ヲ設ケ又ハ金穀等ヲ積立ツルコトヲ得

【講義】　本條は收益の爲にする市の基本財產及積立金穀に關する規定である

第百十條　舊來ノ慣行ニ依リ市住民中特ニ財產又ハ營造物ヲ使用スル權利ヲ有スル者アルトキハ其ノ舊慣ニ依ル舊慣ヲ變更又ハ廢止セムトスルトキハ市會ノ議決ヲ經ヘシ

前項ノ財産又ハ營造物ヲ新ニ使用セムトスル者アルトキハ市ハ之ヲ許可スルコトヲ得

【講義】 本條は舊慣に依り特定の住民の使用權を有する市の財源又は營造物に關する規定である。

第百十一條　市ハ前條ニ規定スル財産ノ使用方法ニ關シ市規則ヲ設クルコトヲ得

【講義】 本條は前條に規定する財産の使用方法に關し市規則を設くることを規定したるものである。

第百十二條　市ハ第百十條條一項ノ使用者ヨリ使用料ヲ徵收シ同條第二項ノ使用ニ關シテハ使用料若ハ一時ノ加入金ヲ徵收シ又ハ使用料及加入金ヲ共ニ徵收スルコトヲ得

【講義】 本條は市は第四十條第一項の使用者より使用料、同條第二項の使用料及加入金の徴收に關する規定である。

第百十三條　市ハ營造物ノ使用ニ付使用料ヲ徴收スルコトヲ得
市ハ特ニ一個人ノ爲ニスル事務ニ付手數料ヲ徴收スルコトヲ得

【講義】本條は市の營造物の使用に付使用料を徴收することを規定したるものである。

第百十四條　財產ヲ賣却貸與工事ノ請負及物件勢力其ノ他ノ供給ハ競爭入札ニ付スヘシ但シ臨時急施ヲ要スルトキ、入札ノ價格其ノ費用ニ比シテ得失相償ハサルトキ又ハ市會ノ同意ヲ得タルトキハ此ノ限ニ在ラス

【講義】本條は市が財產の賣却、工事の請負等に關しては競爭入札に附すべき事を規定したるものである。

第百十五條　市ハ其ノ公益上必要アル場合ニ於テハ寄附又ハ補助ヲ爲スコトヲ得

【講義】 本條は市が寄附又は補助を爲すことを得るを規定したるものである

第百十六條 市ハ其ノ必要ナル費用及從來法令ニ依リ又ハ將來法律勅令ニ依リ市ノ負擔ニ屬スル費用ヲ支辨スル事務ヲ負フ

市ハ其ノ財産ヨリ生スル收入、使用料、手數料、過料、過怠金其ノ他法令ニ依リ市ニ屬スル收入ヲ以テ前項ノ支出ニ充テ仍不足アルトキハ市稅及夫役現品ヲ賦課徵收スルコトヲ得

【講義】 本條は市の負擔すべき費用及其の費用の財源に關して規定したるものである。

第百十七條 市稅トシテ賦課スルコトヲ得ヘキモノ左ノ如シ

一 直接國稅府縣稅ノ附加稅(昭和四年法律五十六條ヲ以テ本項改正)

二 特別稅

直接國稅又ハ府縣稅ノ附加稅ハ均一ノ稅率ヲ以テ之ヲ徵收スヘシ但シ第百六

十七條ノ規定ニ依リ許可ヲ受ケタル場合ハ此ノ限ニ在ラス（昭和四年法律第五十六號ヲ以テ本項改正）

國稅ノ附加稅タル府縣稅ニ對シテハ附加稅ヲ賦課スルコトヲ得ス

特別稅ハ別ニ稅目ヲ起シテ課稅スルノ必要アルトキ賦課徵收スルモノトス

【講義】本條は市稅として賦課すべき租稅の種類に關する規定である。

第百十八條　三月以上市內ニ滯在スル者ハ其ノ滯在ノ初ニ遡リ市稅ヲ納ムル義務ヲ負フ

【講義】本條は市の住民にあらざる市內に滯在する者の納稅義務に關する規定である。

第百十九條　市內ニ住所ヲ有セス又ハ三月以上滯在スルコトナシト雖市內ニ於テ土地家屋物件ヲ所有シ使用シ若ハ占有シ、市內ニ營業所ヲ設ケテ營業ヲ爲シ又ハ市內ニ於テ特定ノ行爲ヲ爲ス者ハ其ノ土地家屋物件營業若ハ其ノ收入

ニ對シ又ハ其ノ行爲ニ對シテ賦課スル市稅ヲ納ムル義務ヲ負フ

【講義】 本條は市内住民にあらず、又滯在者にあらざる者の納稅の義務を規定したるものである。

第百十九條ノ二 合併後存續スル法人又ハ合併ニ因リ投立シタル法人ハ合併ニ因リ消滅シタル法人ニ對シ其ノ合併前ノ事實ニ付賦課セラルヘキ市稅ヲ納ムル義務ヲ負フ(昭和四年法律第五十六號ヲ以テ本條追加)

相續人又ハ相續財團ハ勅令ノ定ムル所ニ依リ被相續人ニ對シ其ノ相續開始前ノ事實ニ付賦課セラルヘキ市稅ヲ納ムル義務ヲ負フ

【講義】 本條は會社の合併に因り解散したる會社の納稅義務を合併の新會社に前身會社の納稅義務を引續繼承したるもの及相續人又は相續財團は相續開始前の事實に依つて納稅義務を明かにしたるものである。

第百二十條 納稅者ノ市外ニ於テ所有シ使用シ占有スル土地家屋物件若ハ其收

入又ハ市外ニ於テ營業所ヲ設ケタル營業若ハ其ノ收入ニ對シテハ市稅ヲ賦課スルコトヲ得ス

市ノ內外ニ於テ營業所ヲ設ケ營業ヲ爲ス者ニシテ其ノ營業又ハ收入ニ對スル本稅ヲ分別シテ納メサルモノニ對シ附加稅ヲ賦課スル場合及住所滯在市ノ內外ニ涉ル者ノ收入ニシテ土地家屋物件又ハ營業所ヲ設ケタル營業ヨリ生スル收入ニ非サルモノニ對シ市稅ヲ賦課スル場合ニ付テハ勅令ヲ以テ之ヲ定ム

【講義】 本條は市稅の賦課につき課稅物件とするを得ざるもの及市の內外に涉る課稅物件の分別方法に關する規定である。

第百二十一條　所得稅法第十八條ニ揭クル所得ニ對シテハ市稅ヲ賦課スルコトヲ得ス（大正十年法律第五十八號ヲ以テ本項改正）

神社寺院祠宇佛堂ノ用ニ供スル建物及其ノ境內地竝敎會所說敎所ノ用ニ供スル建物及其ノ構內地ニ對シテハ市稅ヲ賦課スルコトヲ得ス但シ有料ニテ之ヲ

使用セシムル者及住宅ヲ以テ敎會所說敎所ノ用ニ充ツル者ニ對シテハ此ノ限ニ在ラス

國府縣市町村其ノ他公共團體ニ於テ公用ニ供スル家屋物件及營造物ニ對シテハ市稅ヲ賦課スルコトヲ得ス但シ有料ニテ之ヲ使用セシムル者及使用收益者ニ對シテハ此ノ限ニ在ラス

國ノ事業又ハ行爲及國有ノ土地家屋物件ニ對シテハ國ニ市稅ヲ賦課スルコトヲ得ス

前四項ノ外市稅ヲ賦課スルコトヲ得サルモノハ別ニ法律勅令ノ定ムル所ニ依ル

第百二十一條ノ二　市ハ公益上其ノ他ノ事由ニ因リ課稅ヲ不適當トスル場合ニ於テハ命令ノ定ムル所ニ依リ市稅ヲ課セサルコトヲ得（大正十五年法律第七十四號ヲ以テ追加）

【講義】　本條ハ市稅を賦課するを得ざるものに關する規定である。

第百二十二條　數人ヲ利スル營造物ノ設置維持其ノ他ノ必要ナル費用ハ其ノ關係者ニ負擔セシムルコトヲ得

市ノ一部ヲ利スル營造物ノ設置維持其ノ他ノ必要ナル費用ハ其ノ部內ニ於テ市稅ヲ納ムル義務アル者ニ負擔セシムルコトヲ得

前二項ノ場合ニ於テ營造物ヨリ生スル收入アルトキハ先ツ其ノ收入ヲ以テ其ノ費用ニ充ツヘシ前項ノ場合ニ於テ其ノ一部ノ收入アルトキ亦同シ

數人又ハ市ノ一部ヲ利スル財產ニ付テハ前二項ノ例ニ依ル

【講義】本條は數人を利する營造物に必要なる費用は市稅を納むる義務ある者に負擔せしむる事を規定したるものである。

第百二十三條　市稅及其ノ賦課徵收ニ關シテハ本法其ノ他ノ法律ニ規定アルモノノ外勅令ヲ以テ之ヲ定ムルコトヲ得

【講義】本條は市稅及其の賦課徵收に關して勅令を以て定むる事を得る事を

規定したるものである。

第百二十四條　數人又ハ市ノ一部ニ對シ特ニ利益アル事業ニ關シテハ市ハ不均一ノ賦課ヲ爲シ又ハ數人若ハ市ノ一部ニ對シ賦課ヲ爲スコトヲ得

【講義】　本條は數人又は市の一部に利益ある事件の課税に關する規定である

第百二十五條　夫役又ハ現品ハ直接市税ヲ準率ト爲シ且之ヲ金額ニ算出シテ賦課スヘシ但シ第百六十七條ノ規定ニ依リ許可ヲ受ケタル場合ハ此ノ限ニ在ラス（大正十年法律第五十八號ヲ以テ本項改正）

學藝美術及手工ニ關スル勞務ニ付テハ夫役ヲ賦課スルコトヲ得ス

夫役ヲ賦課セラレタル者ハ本人自ラ之ニ當リ又ハ適當ノ代人ヲ出スコトヲ得

夫役又ハ現品ハ金錢ヲ以テ之ニ代フルコトヲ得

第一項及前項ノ規定ハ急迫ノ場合ニ賦課スル夫役ニ付テハ之ヲ適用セス

【講義】　本條は夫役現品の賦課に關する規定である。

第百二十六條　非常災害ノ爲必要アルトキハ市ハ他人ノ土地ヲ一時使用シ又ハ其ノ土石竹木其ノ他ノ物品ヲ使用シ若ハ收用スルコトヲ得

但シ其ノ損失ヲ補償スヘシ

前項ノ場合ニ於テハ危險防止ノ爲必要アルトキハ市長、警察官吏又ハ監督官廳ハ市內ノ居住者ヲシテ防禦ニ從事セシムルコトヲ得

第一項但書ノ規定ニ依リ補償スヘキ金額ハ協議ニ依リ之ヲ定ム協議調ハサルトキハ鑑定人ノ意見ヲ徵シ府縣知事之ヲ決定ス決定ヲ受ケタル者其ノ決定ニ不服アルトキハ內務大臣ニ訴願スルコトヲ得

前項ノ決定ハ文書ヲ以テ之ヲ爲シ其ノ理由ヲ附シ之ヲ本人ニ交付スヘシ

第一項ノ規定ニ依リ土地ノ一時使用ノ處分ヲ受ケタル者其ノ處分ニ不服アルトキハ府縣知事ニ訴願シ其ノ裁決ニ不服アルトキハ內務大臣ニ訴願スルコトヲ得

【講義】　本條は市の非常災害の場合に關する規定である。

第百二十七條　市稅ノ賦課ニ關シ必要アル場合ニ於テハ當該吏員ハ日出ヨリ日沒迄ノ間營業者ニ關シテハ仍其ノ營業時間內家宅若ハ營業所ニ臨檢シ又ハ帳簿物件ノ檢査ヲ爲スコトヲ得

前項ノ場合ニ於テハ當該吏員ハ其ノ身分ヲ證明スヘキ證票ヲ携帶スヘシ

【講義】　本條は吏員の臨檢又は檢査に關する規定である。

第百二十八條　市長ハ納稅者中特別ノ事情アル者ニ對シ納稅延期ヲ許スコトヲ得其ノ年度ヲ越ユル場合ハ市參事會ノ議決ヲ經ヘシ

市ハ特別ノ事情アル者ニ限リ市稅ヲ減免スルコトヲ得

【講義】　本條は市稅の延納及減免に關する規定である。

第百二十九條　使用料手數料及特別稅ニ關スル事項ニ付テハ市條例ヲ以テ之ヲ規定スヘシ（大正十五年法律第七十四號改正）

詐僞其ノ他ノ不正行爲ニ依リ使用料ノ徴收ヲ免レ又ハ市税ヲ逋脱シタル者ニ付テハ市條例ヲ以テ其ノ徴收ヲ免レ又逋脱シタル金額ノ三倍ニ相當スル金額(其ノ金額五圓未滿ナルトキハ五圓)以下ノ過料ヲ科スル規定ヲ設クルコトヲ得(同上)

前項ニ定ムルモノヲ除クノ外使用料、手數料及市税ノ賦課徴收ニ關シテハ市條例ヲ以テ五圓以下ノ過料ヲ科スル規定ヲ設クルコトヲ得

財産又ハ營造物ノ使用ニ關シ亦同シ(同上)

過料ノ處分ヲ受ケタル者其ノ處分ニ不服アルトキハ府縣參事會ニ訴願シ其ノ裁決ニ不服アルトキハ行政裁判所ニ出訴スルコトヲ得

前項ノ裁決ニ付テハ府縣知事又ハ市長ヨリモ訴訟ヲ提起スルコトヲ得

【講義】 本條は使用料手數料其の他特別税に關する事項により市條例を設くる規定及び其の他詐僞其の他の不正行爲に依り使用料の徴收を免れ

逋脱したる場合に過料を徴收する市條例を設くる規定である。

第百三十條　市税ノ賦課ヲ受ケタル者其ノ賦課ニ村違法又ハ錯誤アリト認ムルトキハ徴税令書ノ交付ヲ受ケタル日ヨリ三月以内ニ市長ニ異議ノ申立ヲ爲スコトヲ得

財産又ハ營造物ヲ使用スル權利ニ關シ異議アル者ハ之ヲ市長ニ申立ツルコトヲ得

前二項ノ異議ノ申立アリタルトキハ市長ハ七日以内ニ之ヲ市參事會ノ決定ニ付スヘシ決定ヲ受ケタル者其ノ決定ニ不服アルトキハ府縣參事會ニ訴願シ其ノ裁決又ハ第五項ノ裁決ニ不服アルトキハ行政裁判所ニ出訴スルコトヲ得

（大正十五年法律第七十四號改正）

第一項及前項ノ規定ハ使用料手數料及加入金ノ徴收並夫役現品ノ賦課ニ關シ之ヲ準用ス

前二項ノ規定ニ依ル決定及裁決ニ付テハ市長ヨリモ訴願又ハ訴訟ヲ提起スルコトヲ得

前三項ノ規定ニ依ル裁決ニ付テハ府縣知事ヨリモ訴訟ヲ提起スルコトヲ得

【講義】　本條は市税の賦課、營造物の使用權使用料、手數料、加入金其の徵收に關する違法又は錯誤に關し不服ある時の規定である。

第百三十一條　市税、使用料、手數料、加入金、過料過怠金其ノ他ノ市ノ收入ヲ定期內ニ納メサル者アルトキハ市長ハ期限ヲ指定シテ之ヲ督促スヘシ

夫役現品ノ賦課ヲ受ケタル者定期內ニ其ノ履行ヲ爲サス又ハ夫役現品ニ代フル金錢ヲ納メサルトキハ市長ハ期限ヲ指定シテ之ヲ督促スヘシ、急迫ノ場合ニ賦課シタル夫役ニ付テハ更ニ之ヲ金額ニ算出シ期限ヲ指定シテ其ノ納付ヲ命スヘシ

前二項ノ場合ニ於テハ市條例ノ定ムル所ニ依リ手數料ヲ徵收スルコトヲ得

滯納者第一項又ハ第二項ノ督促又ハ命令ヲ受ケ其ノ指定ノ期限內ニ之ヲ完納セサルトキハ國稅滯納處分ノ例ニ依リ之ヲ處分スヘシ

第一項乃至第三項ノ徵收金ハ府縣ノ徵收金ニ次テ先取特權ヲ有シ其ノ追徵還付及時效ニ付テハ國稅ノ例ニ依ル

前三項ノ處分ニ不服アル者ハ府縣參事會ニ訴願シ其ノ裁決ニ不服アルトキハ行政裁判所ニ出訴スルコトヲ得(大正十五年法律第七十四號)

前項ノ裁決ニ付テハ府縣知事又ハ市長ヨリモ訴訟ヲ提起スルコトヲ得

第四項ノ處分中差押物件ノ公賣ハ處分ノ確定ニ至ル迄執行ヲ停止ス

【講義】 本條は市に於ける收入の完納强制に關する規定である。

第百三十二條 市ハ其ノ負債ヲ償還スル爲、市ノ永久ノ利益ト爲ルヘキ支出ヲ爲ス爲又ハ天災事變等ノ爲必要アル場合ニ限リ市債ヲ起スコトヲ得

市債ヲ起スニ付市會ノ議決ヲ經ルトキハ併セテ起債ノ方法、利息ノ定率及償

還ノ方法ニ付議決ヲ經ヘシ

市長ハ豫算內ノ支出ヲ爲ス爲市參事會ノ議決ヲ經テ一時ノ借入金ヲ爲スコトヲ得

前項ノ借入金ハ其ノ會計年度內ノ收入ヲ以テ償還スヘシ

【講義】 本條は市の起債及一時の借入金に關する規定である。

第二款　歲入出豫算及決算

本款は市の歲入出豫算及決算に關することを規定したのである。

第百三十三條　市長ハ每會計年度歲入出豫算ヲ調製シ遲クトモ年度開始ノ一月前ニ市會ノ議決ヲ經ヘシ

市ノ會計年度ハ政府ノ會計年度ニ依ル

豫算ヲ市會ニ提出スルトキハ市長ハ併セテ事務報告及財產表ヲ提出スヘシ

【講義】 本條は市の豫算調製及議決に關する規定である。

第百三十四條 市長ハ市會ノ議決ヲ經テ既定豫算ノ追加又ハ更正ヲ爲スコトヲ得

【講義】 本條は市の豫算の追加又は更正に關する規定である。

第百三十五條 市費ヲ以テ支辨スル事件ニシテ數年ヲ期シテ其ノ費用ヲ支出スヘキモノハ市會ノ議決ヲ經テ其ノ年期間各年度ノ支出額ヲ定メ繼續費ト爲スコトヲ得

【講義】 本條は市の繼續費に關する規定である。

第百三十六條 市ハ豫算外ノ支出又ハ豫算超過ノ支出ニ充ツル爲豫備費ヲ設クヘシ

特別會計ニハ豫備費ヲ設ケサルコトヲ得（大正十年法律第五十八號ヲ以テ本項追加）

豫備費ハ市會ノ否決シタル費途ニ充ツルコトヲ得ス

【講義】 本條は市の豫備費に關する規定である。

第百三十七條　豫算ハ議決ヲ經タル後直ニ之ヲ府縣知事ニ報告シ且其ノ要領ヲ告示スヘシ

【講義】 本條は市の豫算の報告及告示に關する規定である。

第百三十八條　市ハ特別會計ヲ設クルコトヲ得

【講義】 本條は市の特別會計に關する規定である。

第百三十九條　市會ニ於テ豫算ヲ議決シタルトキハ市長ヨリ其ノ謄本ヲ收入役ニ交付スヘシ

收入役ハ市長又ハ監督官廳ノ命令アルニ非サレハ支拂ヲ爲スコトヲ得ス命令ヲ受クルモ支出ノ豫算ナク且豫備費支拂、費用流用其ノ他財務ニ關スル規定ニ依リ支出ヲ爲スコトヲ得サルトキ亦同シ

【講義】 本條は市の收入役に豫算謄本の交付、及收入役に於て支拂を爲す場

合に關する規定である。

第百四十條　市ノ支拂金ニ關スル時效ニ付テハ政府ノ支拂金ノ例ニ依ル

【講義】本條は市の支拂金の時效に付、規定したのである。

第百四十一條　市ノ出納ハ毎月例日ヲ定メテ之ヲ檢査シ且毎會計年度少クトモ二回臨時檢査ヲ爲スヘシ

檢査ハ市長之ヲ爲シ臨時檢査ニハ名譽職參事會員ニ於テ互選シタル參事會員二人以上ノ立會ヲ要ス

【講義】本條は市の出納檢査に關する規定である。

第百四十二條　市ノ出納ハ翌年度五月三十一日ヲ以テ閉鎖ス

決算ハ出納閉鎖後一月以內ニ證書類ヲ併セテ收入役ヨリ之ヲ市長ニ提出スヘシ市長ハ之ヲ審査シ意見ヲ付シテ次ノ通常豫算ヲ議スル會議迄ニ之ヲ市會ノ認定ニ付スヘシ

決算ハ其ノ認定ニ關スル市會ノ議決ト共ニ之ヲ府縣知事ニ報告シ且其ノ要領ヲ告示スヘシ

【講義】本條は市の出納閉鎖及決算に關する規定である。

第百四十三條　豫算調製ノ式、費目流用其ノ他ノ財務ニ關シ必要ナル規定ハ內務大臣之ヲ定ム

【講義】本條は市の必要なる財務規定は內務大臣之を定むる事を規定したのである。

第七章　市ノ一部ノ事務

本章は市の一部の事務に關する規定である。

第百四十四條　市ノ一部ニシテ財產ヲ有シ又ハ營造物ヲ設ケタルモノアルトキハ其ノ財產又ハ營造物ノ管理及處分ニ付テハ本法中市ノ財產又ハ營造物ニ關

スル規定ニ依ル但シ法律勅令中別段ノ規定アル場合ハ此ノ限ニ在ラス
前項ノ財産又ハ營造物ニ關シ特ニ要スル費用ハ其ノ財産又ハ營造物ノ屬スル市ノ一部ノ負擔トス
前二項ノ場合ニ於テハ市ノ一部ハ其ノ會計ヲ分別スヘシ
【講義】本條は市の一部の財産及營造物の管理處分費用の負擔並に會計に關する規定である。

第百四十五條　前條ノ財産又ハ營造物ニ關シ必要アリト認ムルトキハ府縣知事ハ市會ノ意見ヲ徵シ府縣參事會ノ議決ヲ經テ市條例ヲ設定シ區會ヲ設ケテ市會ノ議決スヘキ事項ヲ議決セシムルコトヲ得
【講義】本條は前條の財産又は營造物に關して必要ある時は、府縣知事は區會を設けて市會の議決すべき事項を議決せしむる事を規定したものである。

第百四十六條　區會議員ハ市ノ名譽職トス其ノ定數、任期、選擧權及被選擧權ニ關スル事項ハ前條ノ市條例中ニ之ヲ規定スヘシ

區會議員ノ選擧ニ付テハ市會議員ニ關スル規定ヲ準用ス但シ選擧若ハ當選ノ效力ニ關スル異議ノ決定及被選擧權ノ決定ハ市會ニ於テ之ヲ爲スヘシ（昭和四年法律第五十六號改正）

【講義】　本條ハ區會議員の性質、定數、選擧に關する異議の決定等を規定したるものである。

第百四十七條　第百四十四條ノ場合ニ於テ市ノ一部府縣知事ノ處分ニ不服アルトキハ内務大臣ニ訴願スルコトヲ得

【講義】　本條は市の一部の訴願に關する事を規定したのである。

第百四十八條　第百四十四條ノ市ノ一部ノ事務ニ關シテハ本法ニ規定スルモノノ外勅令ヲ以テ之ヲ定ム

【講義】本條は市の一部の事務に關する規定である。

第八章　市町村組合

本章は市町村組合に關する規定である。

第百四十九條　市町村ハ其ノ事務ノ一部ヲ共同處理スル爲其ノ協議ニ依リ府縣知事ノ許可ヲ得テ市町村組合ヲ設クルコトヲ得

公益上必要アル場合ニ於テハ府縣知事ハ關係アル市町村會ノ意見ヲ徵シ府縣參事會ノ議決ヲ經テ前項ノ市町村組合ヲ設クルコトヲ得（大正十五年法律第七十四號改正）

市町村組合ハ法人トス

【講義】本條は市町村組合の性質種類及設置に關する規定である。

第百五十條　市町村組合ニシテ其ノ組合市町村ノ數ヲ增減シ又ハ共同事務ノ變更ヲ爲サムトスルトキハ關係市町村ノ協議ニ依リ府縣知事ノ許可ヲ受クヘシ

公益上必要アル場合ニ於テハ府縣知事ハ關係アル市町村會ノ意見ヲ徵シ府縣參事會ノ議決ヲ經テ組合市町村ノ數ヲ增減シ又ハ共同事務ノ變更ヲ爲スコトヲ得(同上本項改正)

【講義】 本條は市町村組合の組合市町村數の增減又は共同事務の變更に關する規定である。

第百五十一條 市町村組合ヲ設クルトキハ關係市町村ノ協議ニ依リ組合規約ヲ定メ府縣知事ノ許可ヲ受クヘシ組合規約ヲ變更セムトスルトキ亦同シ

公益上必要アル場合ニ於テハ府縣知事ハ關係アル市町村會ノ意見ヲ徵シ府縣參事會ノ議決ヲ經テ組合規約ヲ定メ又ハ變更スルコトヲ得(大正十五年法律第七十四號本項改正)

【講義】 本條は市町村組合を設くる時は關係市町村の協議に依り組合規約を定むべき事、又組合規約の變更等に關する規定である。

第百五十二條　組合規約ニハ組合ノ名稱組合ヲ組織スル市町村組合ノ共同事務組合役場ノ位置、組合會ノ組織及組合會議員ノ選擧組合吏員ノ組織及選任並組合費用ノ支辨方法ニ付定規ヲ設クヘシ

【講義】　本條は市町村組合の規約を以て規定すべき事に關する規定である。

第百五十三條　市町村組合ヲ解カントスルトキハ關係市町村ノ協議ニ依リ府縣知事ノ許可ヲ受クヘシ

公益上必要アル場合ニ於テハ府縣知事ハ關係アル市町村會ノ意見ヲ徴シ府縣參事會ノ議決ヲ經テ市町村組合ヲ解クコトヲ得

【講義】　本條は市町村組合を解かんとするときは市町村の意見に依り解除することを得る規定である。

第百五十四條　第百五十條第一項及前條第一項ノ場合ニ於テ財産ノ處分關スル事項ハ關係市町村ノ協議ニ依リ之ヲ定ム（大正十五年法律第七十四號）

第百五十條第二項及前條第二項ノ場合ニ於テ財産ノ處分ニ關スル事項ハ關係アル市町村會ノ意見ヲ徵シ府縣參事會ノ議決ヲ經テ府縣知事之ヲ定ム

【講義】 本條は市町村組合の財産の處分をするとき關係市町村の協議により府縣知事が定むる規定である。

第百五十五條 第百四十九條第一項、第百五十條第一項、第百五十一條第一項第百五十三條第一項及前條第二項ノ規定ニ依ル府縣知事ノ處分ニ不服アル市町村又ハ市町村組合ハ内務大臣ニ訴願スルコトヲ得

組合費ノ分賦ニ關シ違法又ハ錯誤アリト認ムル市町村ハ其ノ告知アリタル日ヨリ三月以内ニ組合ノ管理者ニ異議ノ申立ヲ爲スコトヲ得

前項ノ異議申立アリタルトキハ組合ノ管理者ハ七日以内ニ之ヲ組合會ノ決定ニ付スヘシ其ノ決定ニ不服アル市町村ハ府縣參事會ニ訴願シ其ノ裁決又ハ第四項ノ裁決ニ不服アルトキハ行政裁判所ニ出訴スルコトヲ得

前項ノ決定及裁決ニ付テハ組合ノ管理者ヨリモ訴願又ハ訴訟ヲ提起スルコトヲ得

前二項ノ裁決ニ付テハ府縣知事ヨリモ訴訟ヲ提起スルコトヲ得

第百五十六條　市町村組合ニ關シテハ法律勅令中別段ノ規定アル場合ヲ除クノ外市ニ關スル規定ヲ準用ス

【講義】　本條は市町村組合に關して準用すべき法律勅令に就ての規定である

第九章　市ノ監督

本章は市の監督に關する規定である。

第百五十七條　市ハ第一次ニ於テ府縣知事之ヲ監督シ第二次ニ於テ内務大臣之ヲ監督ス

【講義】　本條は市に對する監督官廳に關して規定したのである。

第百五十八條　本法中別段ノ規定アル場合ヲ除クノ外市ノ監督ニ關スル府縣知事ノ處分ニ不服アル市ハ內務大臣ニ訴願スルコトヲ得

【講義】　本條は市の監督處分に關して訴願を爲し得る規定である。

第百五十九條　本法中行政裁判所ニ出訴スルコトヲ得ヘキ場合ニ於テハ內務大臣ニ訴願スルコトヲ得ス

第百六十條　異議ノ申立又ハ訴願ノ提起ハ處分決定又ハ裁決アリタル日ヨリ二十一日以內ニ之ヲ爲スヘシ但シ本法中別ニ期間ヲ定メタルモノハ此ノ限ニ在ラス

行政訴訟ノ提起ハ處分決定裁定又ハ裁決アリタル日ヨリ三十日以內ニ之ヲ爲スヘシ

決定書又ハ裁決書ノ交付ヲ受ケサル者ニ關シテハ前二項ノ期間ハ告示ノ日ヨリ之ヲ起算ス（大正十五年法律第七十四號追加）

異議ノ申立ニ關スル期間ノ計算ニ付テハ訴願法ノ規定ニ依ル

異議ノ申立ハ期限經過後ニ於テモ宥恕スヘキ事由アリト認ムルトキハ仍之ヲ受理スルコトヲ得(同上)

異議ノ決定ハ文書ヲ以テ之ヲ爲シ其ノ理由ヲ附シ之ヲ申立人ニ交付スヘシ(同上)

異議ノ申立アルモ處分ノ執行ハ之ヲ停止セス但シ行政廳ハ其ノ職權ニ依リ又ハ關係者ノ請求ニ依リ必要ト認ムルトキハ之ヲ停止スルコトヲ得

第百六十條ノ二　異議ノ決定ハ本法中別ニ期間ヲ定メタルモノヲ除クノ外其ノ決定ニ付セラレタル日ヨリ三月以内ニ之ヲ爲スヘシ

府縣參事會訴願ヲ受理シタルトキハ其ノ日ヨリ三月以内ニ之ヲ裁決スヘシ(大正十五年法律第七十四號追加)

第百六十一條　監督官廳ハ市ノ監督上必要アル場合ニ於テハ事務ノ報告ヲ爲サ

シメ、書類帳簿ヲ徵シ及實地ニ就キ事務ヲ視察シ又ハ出納ヲ檢閲スルコトヲ得

監督官廳ハ市ノ監督上必要ナル命令ヲ發シ又ハ處分ヲ爲スコトヲ得

上級監督官廳ハ下級監督官廳ノ市ノ監督ニ關シテ爲シタル命令又ハ處分ヲ停止シ又ハ取消スコトヲ得

【講義】 本條は市に對する監督官廳に關する規定である。

第百六十二條　內務大臣ハ市會ノ解散ヲ命スルコトヲ得

市會解散ノ場合ニ於テハ三月以內ニ議員ヲ選擧スヘシ

【講義】 本條は內務大臣の市會解散權を規定したるものである。

第百六十三條　市ニ於テ法令ニ依リ負擔シ又ハ當該官廳ノ職權ニ依リ命スル費用ヲ豫算ニ載セサルトキハ府縣知事ハ理由ヲ示シテ其ノ費用ヲ豫算ニ加フルコトヲ得

市長其ノ他ノ吏員其ノ執行スヘキ事件ヲ執行セサルトキハ府縣知事又ハ其ノ委任ヲ受ケタル官吏吏員之ヲ執行スルコトヲ得但シ其ノ費用ハ市ノ負擔トス
前二項ノ處分ニ不服アル市又ハ市長其ノ他ノ吏員ハ行政裁判所ニ出訴スルコトヲ得

【講義】 本條は强制豫算執行に關する規定である。

第百六十四條 市長、助役、收入役又ハ副收入役ニ故障アルトキハ監督官廳ハ臨時代理者ヲ選任シ又ハ官吏ヲ派遣シ其ノ職務ヲ管掌セシムルコトヲ得但シ官吏派遣シタル場合ニ於テハ其ノ旅費ハ市費ヲ以テ辨償セシムヘシ
臨時代理者ハ有給ノ市吏員トシ其ノ給料額旅費額等ハ監督官廳之ヲ定ム

【講義】 本條は市長、助役、收入役等に故障あるときは、監督官廳は臨時代理者を選任派遣する規定である。

第百六十五條 削除(昭和四年法律第五十六號)

第百六十六條　削除(昭和四年法律第五十六號)

第百六十七條　左ニ掲クル事件ハ府縣知事ノ許可ヲ受クヘシ但シ第一號、第四號第六號及第十一號ニ掲クル事件ニシテ勅令ヲ以テ指定スルモノハ其ノ定ムル所ニ依リ主務大臣ノ許可ヲ受クヘシ(昭和四年法律第五十六號改正)

一　市條例ヲ設ケ又ハ改廢スルコト

二　基本財産及特別基本財産ノ處分ニ關スルコト

三　第百十條ノ規定ニ依リ舊慣ヲ變更シ又ハ廢止スルコト

四　使用料ヲ新設シ又ハ變更スルコト

五　均一ノ税率ニ依ラスシテ國税又ハ府縣税ノ附加税ヲ賦課スル事

六　特別税ヲ新設シ又ハ變更スルコト

七　第百二十二條第一項、第二項及第四項ノ規定ニ依リ數人又ハ市ノ一部ニ費用ヲ負擔セシムルコト

八　第百二十四條ノ規定ニ依リ不均一ノ賦課ヲ爲シ又ハ數人若ハ市ノ一部ニ對シ賦課ヲ爲ス事

九　第百二十五條ノ準率ニ依ラスシテ夫役現品ヲ賦課スル事但シ急迫ノ場合ニ賦課スル夫役ニ付テハ此ノ限ニ在ラス

十　繼續費ヲ定メ又ハ變更スル事

十一　市債ヲ起シ竝ニ起債ノ方法、利息ノ定率及償還ノ方法ヲ定メ又ハ之ヲ變更スルコト但シ第百三十二條第三項ノ借入金ハ此ノ限リニ在ラス（昭和四年法律第五十六號追加）

【講義】　本條は府縣知事の許可を受くべき事件に關する規定である。

第百六十八條　監督官廳ノ許可ヲ要スル事件ニ付テハ監督官廳ハ許可申請ノ趣旨ニ反セスト認ムル範圍内ニ於テ更正シテ許可ヲ與フルコトヲ得

【講義】　本條は監督官廳に於て更正して許可を與ふることに關しての規定で

ある。

第百六十九條　監督官廳ノ許可ヲ要スル事件ニ付テハ勅令ノ定ムル所ニ依リ其ノ許可ノ職權ヲ下級監督官廳ニ委任シ又ハ輕易ナル事件ニ限リ許可ヲ受ケシメサルコトヲ得

【講義】本件は監督官廳の許可に關する規定である。

第百七十條　府縣知事は市長、市參與、助役、收入役、副收入役、區長、區長代理者、委員其ノ他ノ市吏員ニ對シ懲戒ヲ爲スコトヲ得

其ノ懲戒處分ハ譴責、二十五圓以下ノ過怠金及解職トス但シ市長、市參與、助役、收入役、副收入役及第六條又ハ第八十二條第三項ノ市ノ區長ニ對スル解職ハ懲戒審査會ノ議決ヲ經ルコトヲ要ス（昭和四年法律第五十六號改正）

懲戒審査會ハ内務大臣ノ命シタル府縣高等官三人及府縣名譽職參事會員ニ於テ互選シタル者三人ヲ以テ其ノ會員トシ府縣知事ヲ以テ會長トス知事故障ア

ルトキハ其ノ代理者會長ノ職務ヲ行フ

府縣名譽職參事會員ノ互選スヘキ會員ノ選擧補闕及任期竝懲戒審査會ノ招集及會議ニ付テハ府縣制中名譽職參事會員及府縣參事會ニ關スル規定ヲ準用ス但シ補充員ハ之ヲ設クルノ限ニ在ラス

解職ノ處分ヲ受ケタル者其ノ處分ニ不服アルトキハ内務大臣ニ訴願スルコトヲ(昭和四年法律第五十六號改正)

府縣知事ハ市長、市參與、助役、收入役、副收入役及第六條又ハ第八十二條第三項ノ市ノ區長ノ解職ヲ行ハムトスル前其ノ停職ヲ命スルコトヲ得此ノ場合ニ於テハ其ノ停職期間報酬又ハ給料ヲ支給スルコトヲ得ス

懲戒ニ依リ解職セラレタル者ハ二年間北海道府縣、市町村其ノ他之ニ準スヘキモノノ公職ニ就クコトヲ得ス(昭和四年法律第五十六號改正)

【講義】 本條は市吏員に對する懲戒處分に關する規定である。

第百七十一條　市吏員ノ服務紀律賠償責任、身元保證及事務引繼ニ關スル規定ハ命令ヲ以テ之ヲ定ム

前項ノ命令ニハ事務引續ヲ拒ミタル者ニ對シ二十五圓以下ノ過料ヲ科スル規定ヲ設クルコトヲ得

【講義】　本條は市吏員の服務紀律、賠償責任其他に關する規定である。

第十章　雜則

第百七十二條　府縣知事又ハ府縣參事會ノ職權ニ屬スル事件ニシテ數府縣ニ渉ルモノアルトキハ内務大臣ハ關係府縣知事ノ具狀ニ依リ其事件ヲ管理スヘキ府縣知事又ハ府縣參事會ヲ指定スヘシ

第百七十三條　本法ニ規定スルモノノ外第六條ノ市ノ有給吏員ノ組織任用分限及其ノ區ニ關シ必要ナル事項ハ勅令ヲ以テ之ヲ定ム

第百七十四條　第十三條ノ人口ハ内務大臣ノ定ムル所ニ依ル

第百七十五條　本法ニ於ケル直接税及間接税ノ種類ハ内務大臣及大藏大臣之ヲ定ム

第百七十六條　市又ハ市町村組合ノ廢置分合又ハ境界變更アリタル場合ニ於テ市ノ事務ニ付必要ナル事項ハ本法ニ規定スルモノノ外勅令ヲ以テ之ヲ定ム

第百七十七條　本法中府縣、府縣制、府縣知事、府縣參事會、府縣名譽職參事會員、府縣高等官、所屬府縣ノ官吏若ハ有給吏員、又ハ直接府縣税ニ關スル規定ハ北海道ニ付テハ各地方費、道會法、道廳長官、道參事會、道名譽職參事會員、道廳高等官、道廳ノ官吏若ハ地方費ノ有給吏員、北海道地方税又ハ直接北海道地方税ニ、町村又ハ町村會ニ關スル規定ハ北海道ニ付テハ各町村又ハ町村會ニ該當スルモノニ關シ之ヲ適用ス（大正十一年四月法律第五十六號改正）

第百七十七條ノ二　本法中官吏ニ關スル規定ハ待遇官吏ニ之ヲ適用ス

附則

第百七十八條　本法施行ノ期日ハ勅令ヲ以テ之ヲ定ム（明治四十四年勅令二百二十八號ヲ以テ同年十月一日ヨリ之ヲ施行）

第百七十九條　本法施行ノ際現ニ市會議員又ハ區會議員ノ職ニ在ル者ハ從前ノ規定ニ依ル最近ノ定期改選期ニ於テ其ノ職ヲ失フ

本法施行ノ際現ニ市長助役又ハ收入役ノ職ニ在ル者ハ從前ノ規定ニ依ル任期滿了ノ日ニ於テ其ノ職ヲ失フ

第百八十條　舊刑法ノ重罪ノ刑ニ處セラレタル者ハ本法ノ適用ニ付テハ六年ノ懲役又ハ禁錮以上ノ刑ニ處セラレタル者ト看做ス但シ復權ヲ得タル者ハ此ノ限ニ在ラス

舊刑法ノ禁錮以上ノ刑ハ本法ノ適用ニ付テハ禁錮以上ノ刑ト看做ス

第百八十一條　本法施行ノ際必要ナル規定ハ命令ヲ以テ之ヲ定ム

附　則（大正十年四月法律第五十八號）

本法中公民權及選擧ニ關スル規定ハ次ノ總選擧ヨリ之ヲ施行シ其ノ他ノ規定ノ施行ノ期日ハ勅令ヲ以テ之ヲ定ム（大正十年勅令第百八十九號ヲ以テ公民權及選擧ニ關スル規定ヲ除クノ外大正十年五月二十日ヨリ之ヲ施行ス）

沖繩縣ノ區ヲ廢シテ市ヲ置カムトスルトキハ第三條ノ例ニ依ル（同上）

附　則（大正十一年四月法律第五十六號）

本法施行ノ期日ハ勅令ヲ以テ定ム（大正十一年勅令第二百五十五號ヲ以テ大正十一年五月十五日ヨリ施行）

北海道ノ區ヲ廢シテ市ヲ置カムトスルトキハ第三條ノ例ニ依ル

附　則（大正十五年六月法律第七十四號）

本法中公民權及議員選擧ニ關スル規定ハ次ノ總選擧ヨリ之ヲ施行シ其ノ他ノ規定ノ施行ノ期日ハ勅令ヲ以テ之ヲ定ム（大正十五年六月勅令第二百七號ヲ

以テ公民權及議員選擧ニ關スル規定ヲ除クノ外大正十五年七月一日ヨリ施行
本法ニ依リ始メテ議員ヲ選擧スル場合ニ於テ必要ナル選擧人名簿ニ關シ第二十一條乃至第二十一條ノ五ニ規定スル期日又ハ期間ニ依リ難キトキハ命令ヲ以テ別ニ其ノ期日又ハ期間ヲ定ム但シ其ノ選擧ノ名簿ハ次ノ選擧人名簿確定迄其ノ效力ヲ有ス
本法施行ノ際大正十四年法律第四十七號衆議院議員選擧法又ハ大正十五年府縣制中改正法律未タ施行セラレサル場合ニ於テハ本法ノ適用ニ付テハ同法ハ既ニ施行セラレタルモノト看做ス
本法施行ノ際必要ナル規定ハ命令ヲ以テ之ヲ定ム

附　則　（昭和四年四月法律第五十六號）

本法施行ノ期日ハ勅令ヲ以テ定ム（昭和四年六月勅令第百八十四號ヲ以テ昭和四年七月一日ヨリ施行ス）
本法施行ノ際必要ナル規定ハ命令ヲ以テ之ヲ定ム

町村制講義

第一章 總則

第一款 町村及其ノ區域 (昭和四年四月法律第五十七號改正)

本款に於ては、専ら町村の性質權限と且つ其の區域とに關することを規定したのである。

第一條 町村ハ從來ノ區域ニ依ル

【講義】 本條は町村と云ふのは、何ういふものであるか、換言すれば、何んなものを町村と云ふのであるかと云ふことを定めたものである。即ち町村と云ふものは、從來某町又は某村と唱へて來たが、本制に於て、所謂町村と云ふものであると云ふのである。「町村ハ」本制では町村と云ふのはと云ふ意味であつて、「從來ノ區域ニ依ル」とは、從前より一定の區域を持ち、町又は村と稱へて來たものであると云ふ意味である。故に本條は、寧ろ「町村は從來の町村を云ふ」と解した方が易いのである。

第二條　町村ハ法人トス官ノ監督ヲ承ケ法令ノ範圍內ニ於テ其ノ公共事務竝從來法令又ハ慣例ニ依リ及將來法律勅令ニ依リ町村ニ屬スル事務ヲ處理ス

【講義】本條は、「町村ハ法人トス」と町村の性質を定め、「官ノ監督云々から以下に於て、町村の爲すべき事務と其の事務の範圍とを定めたものであつて、一口に云ふと町村は法人である、そして國家の監督の下に法律命令を以て制限せられない範圍に於て、町村自體の自治の事務を取扱ひ、又是まで法律命令又は慣例に依つて町村に屬して居る國府縣、などの行政事務と、今後法律勅令を以て、町村の事務と定めらるる國、府、縣、郡等の行政事務を取扱ふものであると、斯う云ふ意味である

第三條　町村ノ廢置分合又ハ境界變更ヲ爲サムトスルトキハ府縣知事ハ關係アル市町村會ノ意見ヲ徵シ府縣參事會ノ議決ヲ經內務大臣ノ許可ヲ得テ之ヲ定ム所屬未定地ヲ町村ノ區域ニ編入セムトスルトキ亦同シ

前項ノ場合ニ於テ財產アルトキハ其ノ處分ハ關係アル市町村會ノ意見ヲ徵シ府縣參事會ノ議決ヲ經テ府縣知事之ヲ定ム（大正十五年法律第五十七號）

第一項ノ場合ニ於テ市ノ廢置合分ヲ伴フトキハ市制第三條ノ規定ニ依ル

【講義】　本條は第一項に於て卽ち（一）町村の廢置分合を爲す方法、（二）町村の境界變更を爲す方法、（三）所屬未定地を町村の區域に編入するの方法の三つの事柄を規定したものである。

第三項に於ては、第一項の町村の廢置分合又は其の境界變更の處分

に伴ふて要する町村の財産處分に關しての手續方法を定めて居る第三項に於ては、町村の廢置分合又は其の境界變更に伴ふて、市の廢置分合に關係を及ぼすべき場合の適用條例を明示したものである。

第四條　町村ノ境界ニ關スル爭論ハ府縣參事會之ヲ裁定ス其ノ裁定ニ不服アル町村ハ行政裁判所ニ出訴スルコトヲ得

町村ノ境界判明ナラサル場合ニ於テ前項ノ爭論ナキトキハ府縣知事ハ府縣參事會ノ決定ニ付スヘシ其ノ決定ニ不服アル町村ハ行政裁判所ニ出訴スルコトヲ得

第一項ノ裁定及前項ノ決定ハ文書ヲ以テ之ヲ爲シ其ノ理由ヲ附シ之ヲ關係町村ニ交付スヘシ

第一項ノ裁定及第二項ノ決定ニ付テハ府縣知事ヨリモ訴訟ヲ提起スルコトヲ

得

【講義】本條は町村の境界に關して町村と町村との間に爭論があり、或は又町村間に爭論が無いにしても、其の境界が判明しない時には、如何なる方法によつて其の境界を定むるかと云ふことを解決した規定である。

第五條　町村ノ名稱ヲ變更セムトスルトキ村ヲ町ト爲シ若ハ町ヲ村ト爲サムトスルトキ又ハ町村役場ノ位置ヲ定メ若ハ之ヲ變更セムトスルトキハ町村ハ府縣知事ノ許可ヲ受クヘシ(大正十五年法律第七十號改正)

【講義】本條は町村の名稱を變更し、又村を町とし、町を村とすること町村役場の位置を變更するときの手續を定めたるものである。

第二款　町村住民及其ノ權利義務

第六條　町村內ニ住所ヲ有スル者ハ其ノ町村住民トス
町村住民ハ本法ニ從ヒ町村ノ財產及營造物ヲ共用スル權利ヲ有シ町村ノ負擔ヲ分任スル義務ヲ負フ

【講義】本條の第一項に於て、町村住民の定義を下して居る。卽ち町村住民と云ふものは如何なるものであるかを規定して居る。
第二項に於ては其の住民は町村に對して如何なる權利を有し又如何なる義務を有するものであるかと云ふ卽ち町村住民の町村に對する權利と義務とを規定してある。

第七條　帝國臣民タル年齡二十五年以上ノ男子ニシテ二年以來町村住民タル者ハ其ノ町村公民トス但シ左ノ各號ノ一ニ該當スル者ハ此ノ限ニ在ラス（大正十五年法律第七十五號改正）
（一）禁治產者及準禁治產者

(二) 破産者ニシテ復權ヲ得サル者
(三) 貧困ニ因リ生活ノ爲公私ノ救助ヲ受ケ又ハ扶助ヲ受クル者
(四) 一定ノ住居ヲ有セサル者
(五) 六年ノ徵役又ハ禁錮以上ノ刑ニ處セラレタル者
(六) 刑法第二編第一章、第三章、第九章、第十六章乃至第二十一章第二十五章又ハ第三十六章乃至第三十九章ニ揭クル罪ヲ犯シ六年未滿ノ懲役ニ處セラレ其ノ執行ヲ終リ又ハ執行ヲ受クルコトナキニ至リタル後其刑期ノ二倍ニ相當スル期間ヲ經過スルニ至ル迄ノ者但シ其ノ期間五年ヨリ短キトキハ五年トス
(七) 六年未滿ノ禁錮ノ刑ニ處セラレ又ハ前號ニ揭タル罪以外ノ罪ヲ犯シ六年未滿ノ懲役ノ刑ニ處セラレ其ノ執行ヲ終リ又ハ執行ヲ受クルコトナキニ至ル迄ノ者

町村ハ前項二年ノ制限ヲ特免スルコトヲ得

第一項二年ノ期間ハ市町村ノ廢置分合又ハ境界變更ノ爲中斷セラルルコトナシ

【講義】本條は大正十五年法律第七十五號を以て全條改正せられたのである參考として左記掲せて置いた

町村公民と云ふは、如何なるものであるか、而して如何なる資格を具備した者でなければならぬかと云ふ事を定めたものである、是れには種々の要件があるのである、それは本條の一より七迄である。

(參照條文)「改正前の條文」

第七條 町村住民ニシテ左ノ條件ヲ具備スル者ハ町村公民トス但シ貧困ノ爲公費ノ救助ヲ受ケタル後二年ヲ經サル者、禁治産者、準禁治産者及六年ノ懲役又ハ禁錮以上ノ刑ニ處セラレタル者ハ此ノ限ニ在ラス(大正十年法律第五十九號ヲ以テ

全條改正)

一　帝國臣民タル男子ニシテ年齡二十五年以上ノ者
二　獨立ノ生計ヲ營ム者
三　二年以來其ノ町村住民タル者
四　二年以來其ノ町村ノ直接町村稅ヲ納ムル者

町村ハ前項二年ノ制限ヲ特免スルコトヲ得

家督相續ニ依リ財產ヲ取得シタル者ニ付テハ其ノ財產ニ付被相續人ノ爲シタル納稅ヲ以テ其ノ者ノ爲ジタル納稅ト看做ス

町村公民ノ要件中其ノ年限ニ關スルモノハ市町村ノ廢置分合又ハ境界變更ノ爲中斷セラルルコトナシ

直接町村稅ヲ賦課キサル町村ニ於テハ町村公民ノ要件中納稅ニ關セル規定ヲ適要セス

第八條　町村公民ハ町村ノ選擧ニ參與シ町村ノ名譽職ニ選擧セラルル權利ヲ有シ町村ノ名譽職ヲ擔任スル義務ヲ負フ

左ノ各號ノ一ニ該當セサル者ニシテ名譽職ノ當選ヲ辭シ又ハ其ノ職ヲ辭シ若ハ其ノ職務ヲ實際ニ執行セサルトキハ町村ハ一年以上四年以下其ノ町村公民權ヲ停止スルコトヲ得(大正十五年法律第七十五號改正)

一　疾病ニ罹リ公務ニ堪ヘサル者

二　業務ノ爲常ニ町村內ニ居ルコトヲ得サル者

三　年齡六十年以上ノ者

四　官公職ノ爲町村ノ公務ヲ執ルコトヲ得サル者

五　四年以上名譽職町村吏員、町村會議員又ハ區會議員ノ職ニ任シ爾後同一ノ期間ヲ經過セサル者

六　其ノ他町村會ノ議決ニ依リ正當ノ理由アリト認ムル者

前項ノ處分ヲ受ケタル者其ノ處分ニ不服アルトキハ府縣參事會ニ訴願シ其ノ裁決ニ不服アルトキハ行政裁判所ニ出訴スルコトヲ得

第二項ノ處分ハ其ノ確定ニ至ル迄執行ヲ停止ス

第三項ノ裁決ニ付テハ府縣知事又ハ町村長ヨリモ出訴ヲ提起スルコトヲ得

【講義】　本條は町村公民の公けの權利と公けの義務及び其の義務を盡す事に背いた者に對する制裁を規定したのである。

第一項に於ては、前段に於て町村公民の公けの權利を規定し、後段に於て町村公民の公けの義務を規定したのである。

第九條　陸海軍人ニシテ現役中ノ者(未タ入營セサル者及歸休下士官兵ヲ除ク)又戰時若ハ事變ニ際シ召集中ノ者ハ町村ノ公務ニ參與スルコトヲ得ス兵籍ニ編入セラレタル學生生徒(勅令ヲ以テ定ムル者ヲ除ク)及志願ニ依リ國民軍ニ編入セラレタル者亦同シ(大正十五年法律第七十五號改正)

【講義】陸海軍人にして町村の公務に參與出來ぬ者を定めたのである。卽ち現役中の者、召集中の者、兵籍編入せられたる學生生徒、

第三款　町村條例及町村規則

本款に於ては町村の條例及町村の規則に就て規定したのである。町村條例と云ひ規則と云ふのは、國で云ふと法律命令といふやうなものであつて、通例町村で制定する町村の法規である。町村で制定し府縣知事內務大臣の許可を得て定め府縣知事の定めたものを內務大臣の許可を要するのである。

此の條例又は規則を以て定める事項は如何なるものであるか、又條例規則を定むる手續は如何にするかと云ふ事を規定したものである。

第十條　町村ハ町村住民ノ權利義務又ハ町村ノ事務ニ關シ町村條例ヲ設クルコ

トヲ得

町村ハ町村ノ營造物ニ關シ町村條例ヲ規定スルモノノ外町村規則ヲ設クルコトヲ得

町村條例及町村規定ハ一定ノ公告式ニ依リ之ヲ告示スヘシ

【講義】 本條は町村の自主權と云つて、法規の制定權を規定したのである。一體町村なる公法人は、法律命令の規定に從つて行政するばかりでなく尙條例や規則の如き法規を制定する權利を持て居るのである。第一項に於ては、町村住民の權利義務に關する條例と、町村の事務に關する町村條例を設くるに付ての規定である。而して冒頭に「町村ハ」とあるから、町村條例の設定に付ては、町村會の議決を經ねばならぬのは云ふまでも無い。依て町村制第四十條に於て町村會の議決すべき事件の概目を列記してある。其の第一號に「町村條例ヲ設ケ云々」とあるので、町村會の議決を要することは一層明瞭である。要するに町村條例と云ふものは、通例町村が制定するもので町村が制定すると云へば町村會の議決を經ねばならぬものである。

第二項は、町村規則に關する規定である。これも町村の規則の設定に付ては、町村會の議決を經なければならぬことは云ふ迄も無いのである。而して町村規則といふものは如何なることを規定するものであるかと云へば、町村の營造物に關し、町村條例を以て規定した以外のことを規定するものである。故に町村規則を設くる事の出來るのは町村の營造物に限る譯であつて、國や府縣の營造物に付ては町村規則を設くることが出來ないのである。

第三項は町村の條例及規則の周知に關する規定である。

町村の條例及規則は、町村の法規であるから、一般町村の住民は皆なこれに準據せねばならぬのである。茲に於て一般住民に公告するといふ必要が起つて來る。其公告する方式は、町村に依つて一樣ではないが、大抵の町村は其の掲示場に張り出して居るやうである。

第二章　町村會

第一款　組織及選擧

本款に於ては、町村會と云ふ意思機關を設くるに就て、組織及選擧並に其の職務の權限を規定するの必要があつて、其の組織及選擧の事を定め且つ職務の權限に付ても規定したのである。

第十一條　町村會議員ハ其ノ被選擧權アル者ニ就キ選擧人之ヲ選擧ス

議員ノ定數左ノ如シ

一　削除（大正十五年法律第七十五號）

二 人口五千未滿ノ町村 十二人(同上改正)

三 人口五千以上一萬未滿ノ町村 十八人

四 人口一萬以上二萬未滿ノ町村 二十四人

五 人口二萬以上ノ町村 三十人

議員ノ定數ハ町村條例ヲ以テ特ニ之ヲ增減スルコトヲ得(改正)

議員ノ定數ハ總選擧ヲ行フ場合ニ非サレハ之ヲ增減セス但シ著シク人口ノ增減アリタル場合ニ於テ府縣知事ノ許可ヲ得タルトキハ此ノ限ニ在ラス(大正十五年法律第七十五號改正)

【講義】 本條は町村會を組織する議員を選擧する方法と町村會議員の定數を定め其の他多數の町村の中には其の狀態も一樣でなく、增減のあるべく、此の樣な場合には町村條例を以て增減出來る規定を設け又府縣知事の許可を得て增減出來る規定である。

第十二條　町村公民ハ總テ選擧權ヲ有ス但シ公民權停止中者又ハ第九條ノ規定ニ該當スル者ハ此ノ限ニ在ラス(大正十五年法律第七十五號)

【講義】本條は町村公民の方の選擧有權者を定めた規定である。

第十三條　削除(大正十五年法律第七十五號)

第十四條　特別ノ事情アル時ハ町村ハ區劃ヲ定メテ選擧分會ヲ設クルコトヲ得

【講義】本條は選擧分會に關する規定である。地勢又は時間の關係上投票を行ふ便宜の爲めに、町村は簿擧分會を設くる事が出來る事を規定したのである。

第十五條　選擧權ヲ有スル町村公民ハ被選擧權ヲ有ス

在職ノ檢事、警察官吏及收稅官吏ハ被選擧權ヲ有セス

選擧事務ニ關係アル官吏及町村ノ有給吏員ハ其ノ關係區域ニ於テ被選擧權ヲ有セス(大正十五年法律第七十五號改正)

町村ノ有給ノ吏員教員其ノ他ノ職員ニシテ在職中ノ者ハ其ノ町村ノ町村會議員ト相兼ヌルコトヲ得ス(同上)

【講義】本條は町村會議員の被選擧權に關する要件及身分上の關係よりして町村會議員となることを得ざる場合等を定めた規定である。

第一項は町村會議員の被選擧權の要件を規定したものであつて、其の被選擧權と云ふのは、議員となるに必要な資格を云ふのである而して町村會議員の被選擧を有するには(一)町村會議員の選擧權を有すること、(二)町村公民たることの二要件を備へねばならぬのである。故に町村の公民であつても、町村會議員の選擧權を有せざる者又は町村會議員の選擧權を有するも、町村の公民權を有せざる者は被選擧權の無いものと云はねばならぬのである。

第二項は、町村會議員を選擧することを得る町村公民は總て町村會議員に選ばれ得るの權利があるかと云ふに、さうではない、これには取り除けがある。卽ちそれを規定したのである。

在職の檢事、警察官吏及收稅官吏は被選擧權は全然ないのである。又選擧事務に關係ある官吏其の他町村の有給の吏員は其の關係の區域內では被選擧權がないのである、而して町村の有給の吏員其の他の職員は在職のままでは町村會員を就職する事が出來ぬ規定である

第十六條　町村會議員ハ名譽職トス

議員ノ任期ハ四ケ年トシ總選擧ノ日ヨリ之ヲ起算ス（大正十年法律第五十九號ヲ以テ改正ス）

議員ノ定數ニ異動ヲ生シタル爲メ解任ヲ要スル者アリタルトキハ町村長抽籤シテ之ヲ定ム但シ闕員アルトキハ其闕員ヲ以テ之ヲ充ツヘシ（大正十年法律第五十九號ニテ改正ス）

前項但書ノ場合ニ於テ闕員ノ數解任ヲ要スル者ノ數ニ滿チサルトキハ其ノ不

足ノ員數ニ付町村長抽籤シテ解任スヘキ者ヲ定メ闕員ノ數解任ヲ要スル者ノ數ヲ超ユルトキハ解任ヲ要スル者ニ充ツヘキ闕員ハ最モ先ニ闕員ト爲リタル者ヨリ順次之ニ充テ闕員ト爲リタル時同シキトキハ町村長抽籤シテ之ヲ定ム

(大正十五年法律第七十五號改正)

議員ノ定數ニ異動ヲ生シタル爲新ニ選擧セラレタル議員ハ總選擧ニ依リ選擧セラレタル議員ノ任期滿了ノ日迄在任ス

【講義】 本條ハ町村會議員は名譽職であると定め、其の任期及び總選擧の日より起算する樣定めてある議員に異動を生じたる時解任を要する時は抽籤して定め闕員ある時は闕員を以て補充する定めである

第十七條 町村會議員中闕員ヲ生シタル場合ニ於テ第二十七條第二項ノ規定ノ適用ヲ受ケタル得票者ニシテ當選者ト爲ラサリシ者アルトキハ直ニ選擧會ヲ開キ其ノ者ノ中ニ就キ當選者ヲ定ムヘシ此ノ場合ニ於テハ第三十條第三項及第

四項ノ規定ヲ準用ス（昭和四年法律第五十六號改正）

前項ノ規定ノ適用ヲ受クル者ナク若ハ前項ノ規定ニ依リ當選者ヲ定ムルモ仍其ノ闕員カ議員定數ノ六分ノ一ヲ超ユルニ至リタルトキ又ハ町村長若ハ町村會ニ於テ必要ト認ムルトキハ補闕選擧ヲ行フヘシ（同上）

第三十條第五項及第六項ノ規定ハ補闕選擧ニ之ヲ準用ス（同上）

補闕議員ハ其ノ前任者ノ殘任期間在任ス（同上繰下）

【講義】 本條は町村會議員の補闕選擧と其の補闕選擧に依つて選擧せられたる議員の任期とに關する規定である。

第十八條 町村長ハ毎年九月十五日現在ニ依リ選擧名簿ヲ調製スヘシ

選擧人名簿ニハ選擧人ノ氏名、住所及生年月日等ヲ記載スヘシ

第十八條ノ二 町村長ハ十一月五日ヨリ十五日間町村役場又ハ其ノ指定シタル場所ニ於テ選擧人名簿ヲ關係者ノ縦覽ニ供スヘシ

町村長ハ縱覽開始ノ日前三日目迄ニ縱覽ノ場所ヲ告示スヘシ

第十八條ノ三　選擧人名簿ニ關シ關係者ニ於テ異議アルトキハ縱覽期間內ニ之ヲ町村長ニ申立ツルコトヲ得此ノ場合ニ於テハ町村長ハ其ノ申立ヲ受ケタル日ヨリ十四日以內ニ之ヲ決定シ名簿ノ修正ヲ要スルトキハ直ニ之ヲ修正スヘシ(昭和四年法律第五十七號改正)

前項ノ決定ニ不服アル者ハ府縣參事會ニ訴願シ其ノ裁決ニ不服アル者ハ行政裁判所ニ出訴スルコトヲ得(同上)

前項ノ裁決ニ付テハ府縣知事又ハ町村長ヨリモ訴訟ヲ提起スルコトヲ得(同上)

第一項ノ規定ニ依リ決定ヲ爲シタルトキ町村長ハ直ニ其ノ要領ヲ告示スヘシ

同項ノ規定ニ依リ名簿ヲ修正シタルトキ亦同シ(同上)

第十八條ノ四　選擧人名簿ハ十二月二十五日ヲ以テ確定ス(大正十五年法律第七十五號追加)

選擧人名簿ハ次年ノ十二月二十四日迄之ヲ据置クヘシ

前條第二項又ハ第三項ノ場合ニ於テ裁決確定シ又ハ判決アリタルニ依リ名簿ノ修正ヲ要スルトキハ町村長ハ直ニ之ヲ修正スヘシ（昭和四年法律第五十七號改正）

前項ノ規定ニ依リ人名簿ヲ修正シタルトキハ町村長ハ直ニ其ノ要領ヲ告示スヘシ（同上）

投票分會ヲ設クル場合ニ於テ必要アルトキハ町村長ハ確定名簿ニ依リ分會ノ區劃毎ニ名簿ノ抄本ヲ調製スヘシ（同上）

第十八條ノ五　第十八條ノ三ノ場合ニ於テ決定若ハ裁決確定シ又ハ判決アリタルニ依リ選擧人名簿無効ト爲リタルトキハ更ニ名簿ヲ調製スヘシ（大正十五年法律第七十五號追加）

天災事變等ノ爲必要アルトキハ更ニ名簿ヲ調製スヘシ

前二項ノ規定ニ依ル名簿ノ調製、縦覽、確定及異議ノ決定ニ關スル期日及期間ハ府縣知事ノ定ムル所ニ依ル（昭和四年法律第五十七號ヲ以テ本項改正）

町村ノ廢置分合又ハ境界變更アリタル場合ニ於テ名簿ニ關シ其ノ分合其ノ他必要ナル事項ハ命令ヲ以テ之ヲ定ム

【講義】本條は町村會議員の選擧を行ふ上に於て最も必要なる選擧人名簿の調製等に關する規定である。

第一は選擧人名簿を調製すべき期日及記載事項の規定である。

第二は選擧人名簿の縱覽並に其の人名簿を縱覽開始の三日前迄に町村長は其の縱覽の場所を告示する規定である。

第三は選擧人名簿に異議あるときは町村長に申立て、此の場合町村長は町村會に送付して決定する定めになつて居る、此の場合不服あるときは府縣參事會に訴願し裁決に不服あるときは行政裁判所に出訴出來ることになつて居る又町村長及び府縣知事よりも訴訟を提起することも出來るのである。

第四は選擧人名簿の確定し次年度迄据置くのである而して第三の場合の決定、裁決、判決のありたるときは町村長は直に名簿を訂正するのである又修正したるとき其の要領を告示せねばならぬのである而して投票分會を設けるとき確定名簿に依り區劃毎に抄本を調製して置かねばならぬのである。

第五は、第三の場合裁決、決定、判決に依り選擧人名簿が無效になつたときは更に名簿を調製するのである、天災事變等の爲め必要のときは更に調製するのである。

右の様な場合の期日及び期間は府縣知事の定めた所に依るのである町村の廢置分合境界變更のあつた爲名簿に必要なる事は命令に從ふのである。

第十九條　町村長ハ選擧ノ期日前七日目迄ニ選擧會場（投票分會場ヲ含ム以下

之ニ同シ）投票ノ日時及選擧スヘキ議員數ヲ告示スヘシ投票分會ヲ設クル場合ニ於テハ併セテ其ノ區劃ヲ告示スヘシ（同上）

投票分會ノ投票ハ選擧會ト同日時ニ之ヲ行フ

天災事變等ノ爲投票ヲ行フコト能ハサルトキ又ハ更ニ投票ヲ行フノ必要アルトキハ町村長ハ其ノ投票ヲ行フヘキ選擧會又ハ投票分會ノミニ付更ニ期日ヲ定メ投票ヲ行ハシムヘシ此ノ場合ニ於テ選擧會場及投票ノ日時ハ選擧ノ期日前五日目迄ニ之ヲ告示スヘシ

【講義】　本條は選擧に關する手續中選擧の告示選擧を行ふ日時及其の順序を定めた規定である。

第二十條　町村長ハ選擧長ト爲リ選擧會ヲ開閉シ其ノ取締ニ任ス

町村長ハ選擧人名簿ニ登錄セラレタル者ノ中ヨリ二人乃至四人ノ選擧立會人ヲ選任スヘシ（大正十五年法律第七十五號改正）

投票分會ハ町村長ノ指名シタル吏員投票分會長ト爲リ之ヲ開閉シ其ノ取締ニ任ス

町村長ハ分會ノ區劃內ニ於ケル選擧人名簿ニ登錄セラレタル者ノ中ヨリ二人乃至四人ノ投票立會人ヲ選任スヘシ

選擧立會人及投票立會人ハ名譽職トス

【講義】本條は選擧事務の執行に必要なる選擧長と投票分會長に選擧立會人及投票立會人とのことに關する定めである。

第二十一條　選擧人ニ非サル者ハ選擧會場ニ入ルコトヲ得ス但シ選擧會場ノ事務ニ從事スル者、選擧會場ヲ監視スル職權ヲ有スル者又ハ警察官吏ハ此ノ限ニ在ラス

選擧會場ニ於テ演說討論ヲ爲シ若ハ喧擾ニ渉リ又ハ投票ニ關シ協議若ハ勸誘ヲ爲シ其ノ他選擧會場ノ秩序ヲ紊ス者アルトキハ選擧長又ハ投票分會長ハ之

ヲ制止シ命ニ從ハサルトキハ之ヲ選擧會場外ニ退出セシムヘシ(大正十五年法律第七十五號改正)

前項ノ規定ニ依リ退出セシメラレタル者ハ最後ニ至リ投票ヲ爲スコトヲ得但シ選擧長又ハ投票分會長會場ノ秩序ヲ紊スノ虞ナシト認ムル場合ニ於テ投票ヲ爲サシムルヲ妨ケス(同上)

【講義】 本條は選擧會場に入る資格を有する者と會場の取締に關して規定したのである。

第二十二條　選擧ハ無記名投票ヲ以テ之ヲ行フ

投票ハ一人一票ニ限ル

選擧人ハ選擧ノ當日投票時間內ニ自ラ選擧會場ニ到リ選擧人名簿又ハ其ノ抄本ノ對照ヲ經テ投票ヲ爲スヘシ

投票時間內ニ選擧會場ニ入リタル選擧人ハ其ノ時間ヲ過クルモ投票ヲ爲スコ

トヲ得

選擧人ハ選擧會場ニ於テ投票用紙ニ自ラ被選擧人一人ノ氏名ヲ記載シテ投函スヘシ

投票ニ關スル記載ニ付テハ勅令ヲ以テ定ムル點字ハ之ヲ文字ト看做ス（大正十五年法律第七十五號ヲ以テ本項追加）

自ラ被選擧人ノ氏名ヲ書スルコト能ハサル者ハ投票ヲ爲スコトヲ得ス

投票用紙ハ町村長ノ定ムル所ニ依リ一定ノ式ヲ用フヘシ

投票分會ニ於テ爲シタル投票ハ投票分會長少クトモ一人ノ投票立會人ト共ニ投票函ノ儘之ヲ選擧長ニ送致スヘシ（同上）

第二十二條ノ二　確定名簿ニ登錄セラレサル者ハ投票ヲ爲スコトヲ得ス但シ選擧人名簿ニ登錄セラルヘキ確定裁決書又ハ判決書ヲ所持シ選擧ノ當日選擧會場ニ到ル者ハ此ノ限ニ在ラス

確定名簿ニ登錄セラレタル者選擧人名簿ニ登錄セラルルコトヲ得サル者ナルトキハ投票ヲ爲スコトヲ得ス選擧ノ當日選擧權ヲ有セサル者ナルトキ亦同シ(大正十五年法律第七十五號追加)

第二十二條ノ三　投票ノ拒否ハ選擧立會人又ハ投票立會人之ヲ決定ス可否同數ナルトキハ選擧長又ハ投票分會長之ヲ決スヘシ(同上)

投票分會ニ於テ投票拒否ノ決定ヲ受ケタル選擧人不服アルトキハ投選分會長ハ假ニ投票ヲ爲サシムヘシ

前項ノ投票ハ選擧人ヲシテ之ヲ封筒ニ入レ封緘シ表面ニ自ラ其ノ氏名ヲ記載シ投函セシムヘシ

投票分會長又ハ投票立會人ニ於テ異議アル選擧人ニ對シテモ亦前二項ニ同シ

第二十三條　第三十條若ハ第三十四條ノ選擧增員選擧又ハ補闕選擧ヲ同時ニ行フ場合ニ於テハ一ノ選擧ヲ以テ合併シテ之ヲ行フ(大正十五年法律第五十九號ヲ以テ改正)

【講義】本條は第三十條の當選者當選を辭したる時、死亡者が當選爲したる時、其他當選無效となりたる時、定數增加の爲め選擧を行ふ時、議員中缺員を生じたる爲め選擧を行ふ時、是等併合して同時に選擧を行ふ場合を規定したものである。

第二十四條　町村長ハ豫メ開票ノ日時ヲ告示スヘシ

第二十四條ノ二　選擧長ハ投票ノ日又ハ其ノ翌日（投票分會ヲ設ケタルトキハ總テノ投票函ノ送致ヲ受ケタル日又ハ其ノ翌日）選擧立會人立會ノ上投票函ヲ開キ投票ノ總數ト投票人ノ總數トヲ計算スヘシ

前項ノ計算終リタルトキハ選擧長ハ先ツ第二十二條ノ三第二項及第四項ノ投票ヲ調査スヘシ其ノ投票ノ受理如何ハ選擧立會人之ヲ決定ス可否同數ナルトキハ選擧長之ヲ決スヘシ（大正十五年法律第七十五號ヲ以テ追加）

選擧長ハ選擧立會人ト共ニ投票ヲ點檢スヘシ

天災事變等ノ爲開票ヲ行フコト能ハサルトキハ町村長ハ更ニ開票ノ期日ヲ定ムヘシ此ノ場合ニ於テ選擧場ノ變更ヲ要スルトキハ豫メ更ニ其ノ場所ヲ告示スヘシ

第二十四條ノ三　選擧人ハ其ノ選擧會ノ參觀ヲ求ムルコトヲ得但開票開始前ハ此ノ限ニ在ラス(同上)

第二十四條ノ四　特別ノ事情アルトキハ町村ハ府縣知事ノ許可ヲ得區劃ヲ定メテ開票分會ヲ設クルコトヲ得

前項ノ規定ニ依リ投票分會ヲ設クル場合ニ於テ必要ナル事項ハ命令ヲ以テ之ヲ定ム(同上)

第二十五條　左ノ投票ハ無效トス

一　成規ノ用紙ヲ用ヰサルモノ

二　現ニ町村會議員ノ職ニ在ル者ノ氏名ヲ記載シタルモノ

三　一投票中二人以上ノ被選擧人ノ氏名ヲ記載シタルモノ
四　被選擧人ノ何人タルカヲ確認シ難キモノ
五　被選擧權ナキ者ノ氏名ヲ記載シタルモノ
六　被選擧人ノ氏名ノ外他事ヲ記入シタルモノ但シ爵位職業身分住所又ハ敬稱ノ類ヲ記入シタルモノハ此ノ限ニ在ラス
七　被選擧人ノ氏名ヲ自書セサルモノ（大正十年法律第五十九號ヲ以テ本項追加第二項削除）

【講義】　本條は投票の無效を規定したものである。

第二十六條　投票ノ效力ハ選擧立會人之ヲ決定ス可否同數ナルトキハ選擧長之ヲ決スヘシ（大正十五年法律第七十五號改正）

【講義】　本條は投票の拒否及其の效力とに就て規定したのである。

第二十七條　町村會議員ノ選擧ハ有效投票ノ最多數ヲ得タル者ヲ以テ當選者トス但シ議員ノ定數ヲ以テ有效投票ノ總數ヲ除シテ得タル數ノ六分ノ一以上ノ

得票アルコトヲ要ス(同上)

前項ノ規定ニ依リ當選者ヲ定ムルニ當リ得票ノ數同シキトキハ年長者ヲ取リ年齡同シキトキハ選擧長抽籤シテ之ヲ定ムヘシ

第二十七條ノ二　當選者選擧ノ期日後ニ於テ被選擧權ヲ有セサルニ至リタルトキハ當選ヲ失フ

【講義】本條は町村會議員の當選者を定むるに付ての規定である。本條の特に注意すべきは得票數である、最少限度を規定してある。

第二十八條　選擧長ハ選擧錄ヲ作リ選擧會ニ關スル顚末ヲ記載シ之ヲ朗讀シ二人以上ノ選擧立會人ト共ニ之ニ署名スヘシ(同上改正)

投票分會長ハ投票錄ヲ作リ投票ニ關スル顚末ヲ記載シ之ヲ朗讀シ二人以上ノ投票立會人ト共ニ之ニ署名スヘシ

投票分會長ハ投票函ト同時ニ投票錄ヲ選擧長ニ送致スヘシ

選擧錄及投票錄ハ投票、選擧人名簿其ノ他ノ關係書類ト共ニ議員ノ任期間町村長ニ於テ之ヲ保存スヘシ(大正十五年法律第七十五號改正)

【講義】 本條は選擧錄の調製と其の送附方、及び選擧に關係ある書類の保存に關して規定したのである。

第二十九條 當選者定マリタルトキハ町村長ハ直ニ當選者ニ當選ノ旨ヲ告知シ同時ニ當選者ノ住所氏名ヲ告示シ且選擧錄ノ寫(投票錄アルトキハ併セテ投票錄ノ寫)ヲ添ヘ之ヲ府縣知事ニ報告スヘシ當選者ナキトキハ直ニ其ノ旨ヲ告示シ且選擧錄ノ寫(投票錄アルトキハ併セテ投票錄ノ寫)ヲ添ヘ之ヲ府縣知事ニ報告スヘシ(同上)

當選者當選ヲ辭セムトスルトキハ當選ノ告知ヲ受ケタル日ヨリ五日以內ニ之ヲ町村長ニ申立ツヘシ

官吏ニシテ當選シタル者ハ所屬長官ノ許可ヲ受クルニ非サレハ之ニ應スル

トヲ得ス(大正十五年法律第七十五號改正)

前項ノ官吏ハ當選ノ告知ヲ受ケタル日ヨリ二十日以內ニ應スヘキ旨ヲ町村長ニ申立テサルトキハ其ノ當選ヲ辭シタルモノト看做ス

町村ニ對シ請負ヲ爲シ又ハ町村ニ於テ費用ヲ負擔スル事業ニ付町村長若ハ其ノ委任ヲ受ケタル者ニ對シ請負ヲ爲ス者若ハ其ノ支配人又ハ主トシテ同一ノ行爲ヲ爲ス法人ノ無限責任社員、役員若ハ支配人ニシテ當選シタル者ハ其ノ請負ヲ罷メ又ハ請負ヲ爲ス者ノ支配人若ハ主トシテ同一ノ行爲ヲ爲ス法人ノ無限責任社員、役員若ハ支配人タルコトナキニ至ルニ非サレハ當選ニ應スルコトヲ得ス第二項ノ期限前ニ其ノ旨ヲ町村長ニ申立テサルトキハ其ノ當選ヲ辭シタルモノト看做ス(大正十五年法律第七十五號ヲ以テ本項追加)

前項ノ役員トハ取締役、監査役及之ニ準スヘキ者竝淸算人ヲ謂フ(同上)

第三十條　當選者左ニ揭クル事由ノ一ニ該當スルトキハ三月以內ニ更ニ選擧ヲ

行フヘシ但シ第二項ノ規定ニ依リ更ニ選擧ヲ行フコトナクシテ當選者ヲ定メ得ル場合ハ此ノ限ニ在ラス(同上改正)

一　當選ヲ辭シタルトキ

二　第二十七條ノ二ノ規定ニ依リ當選ヲ失ヒタルトキ

三　死亡者ナルトキ

四　選擧ニ關スル犯罪ニ依リ刑ニ處セラレ其ノ當選無效ト爲リタルトキ但シ同一人ニ關シ前各號ノ事由ニ依ル選擧又ハ補闕選擧ノ告示ヲ爲シタル場合ハ此ノ限ニ在ラス

前項ノ事由前條第二項若ハ第四項ノ規定ニ依ル期限前ニ生シタル場合ニ於テ第二十七條第一項但書ノ得票者ニシテ當選者ト爲ラサリシ者アルトキ又ハ其ノ期限經過後ニ生シタル場合ニ於テ第二十七條第二項ノ規定ノ適用ヲ受ケタル得票者ニシテ當選者ト爲ラサリシ者アルトキハ直ニ選擧會ヲ開キ其ノ者ノ

中ニ就キ當選者ヲ定ムヘシ

前項ノ場合ニ於テ第二十七條第一項但書ノ得票者ニシテ當選者ト爲ラサリシ者選擧ノ期日後ニ於テ被選擧權ヲ有セサルニ至リタルトキハ之ヲ當選者ト定ムルコトヲ得ス

第二項ノ場合ニ於テハ町村長ハ豫メ選擧會ノ場所及日時ヲ告示スヘシ

第一項ノ期間ハ第三十三條第八項ノ規定ノ適用アル場合ニ於テハ選擧ヲ行フコトヲ得サル事由已ミタル日ノ翌日ヨリ之ヲ起算ス

第一項ノ事由議員ノ任期滿了前六月以内ニ生シタルトキハ第一與ノ選擧ハ之ヲ行ハス但シ議員ノ數其ノ定數ノ三分ノ二ニ滿チサルニ至リタルトキハ此ノ限ニ在ラス

【講義】 本條は町村會議員の當選をしたる者が當選したる時又は其の他闕員を生じたるときの定めである、

第三十一條　第二十九條第二項ノ期間ヲ經過シタルトキ又ハ同條第四項ノ申立アリタルトキハ町村長ハ直ニ當選者ノ住所氏名ヲ告示シ併セテ之ヲ府縣知事ニ報告スヘシ(大正十五年法律第七十五號改正)

當選者ナキニ至リタルトキ又ハ當選者其ノ選擧ニ於ケル議員ノ定數ニ達セサルニ至リタルトキハ町村長ハ直ニ其ノ旨ヲ告示シ併セテ之ヲ府縣知事ニ報告スヘシ(同上)

【講義】　第二十九條の第二項の期間と云ふのは當選者が當選を辭せんとする時は當選の告知を受けたる日より五日以内に之を町村長に申立てるのであるが申立なき時又は、同條第四項又同條第四項即ち官吏は當選の告知を受けたる日より二十日以内に之に應ずべき旨（所屬長官の許可を得て）を町村長に申立てたる時は、町村長は當選者として住所氏名を告示し、又報告し又報告すべき事を規定したのである。

第三十二條　選擧ノ規定ニ違反スルコトアルトキハ選擧ノ結果ニ異動ヲ生スルノ虞アル場合ニ限リ其ノ選擧ノ全部又ハ一部ヲ無效トス但シ當選ニ異動ヲ生スルノ虞ナキ者ヲ區分シ得ルトキハ其ノ者ニ限リ當選ヲ失フコトナシ（大正十五年法律第七十五號改正）

【講義】本條は選擧無效に關する規定である。選擧の規定と云ふのは、本條の選擧に關する規定を云ふのであつて、選擧に關しては、種々の規定が設けられてあるが、これに違反して、選擧の結果に異動を生ずるの虞ある場合に限つて其の選擧の全部又は一部が無效となるのである。選擧の結果に何等の異動を及ぼす虞れの無いと區分出來る時は此の限りではないのである。

第三十三條　選擧人選擧又ハ當選ノ效力ニ關シ異議アルトキハ選擧ニ關シテハ選擧ノ日ヨリ當選ニ關シテハ第二十九條第一項又ハ第三十一條第二項ノ告示

ノ日ヨリ七日以內ニ之ヲ町村長ニ申立ツルコトヲ得此ノ場合ニ於テハ町村長ハ七日以內ニ町村會ノ決定ニ付スヘシ町村會ハ其ノ送付ヲ受ケタル日ヨリ十四日以內ニ之ヲ決定スヘシ(同上)

前項ノ決定ニ不服アル者ハ府縣參事會ニ訴願スルコトヲ得

府縣知事ハ選擧又ハ當選ノ效力ニ關シ異議アルトキハ選擧ニ關シテハ第二十九條第二項ノ報告ヲ受ケタル日ヨリ、當選ニ關シテハ第二十九條第一項又ハ第三十一條第二項ノ報告ヲ受ケタル日ヨリ二十日以內ニ之ヲ府縣參事會ノ決定ニ付スルコトヲ得

前項ノ決定アリタルトキハ同一事件ニ付爲シタル異議ノ申立及町村會ノ決定ハ無效トス

第二項若ハ第六項ノ裁決又ハ第三項ノ決定ニ不服アル者ハ行政裁判所ニ出訴スルコトヲ得

第一項ノ決定ニ付テハ町村長ヨリモ訴願ヲ提起スルコトヲ得
第二項若ハ前項ノ裁決又ハ第三項ノ決定ニ付テハ府縣知事又ハ町村長ヨリモ訴訟ヲ提起スルコトヲ得
第十七條、第三十條又ハ第三十四條第一項若ハ第三項ノ選擧ハ之ニ關係アル選擧又ハ當選ニ關スル異議申立刑間、異議ノ決定若ハ訴願ノ裁決確定セサル間又ハ訴訟ノ繫屬スル間之ヲ行フコトヲ得ス
町村會議員ハ選擧又ハ當選ニ關スル決定若ハ裁決確定シ又ハ判決アル迄ハ會議ニ列席シ議事ニ參與スルノ權ヲ失ハス

【講義】 本條は選擧又は當選の效力に關する異議又は訴訟及行政訴訟に關する規定である。

第三十四條　選擧無效ト確定シタルトキハ三月以内ニ更ニ選擧ヲ行フヘシ（同上）

當選無效ト確定シタルトキハ直ニ選擧會ヲ開キ更ニ當選者ヲ定ムヘシ此ノ場合ニ於テハ第三十條第三項及第四項ノ規定ヲ準用ス

當選者ナキトキ、當選者ナキニ至リタルトキ又ハ當選者其ノ選擧ニ於ケル議員ノ定數ニ達セサルトキ若ハ定數ニ達セサルニ至リタルトキハ三月以内ニ更ニ選擧ヲ行フヘシ

第三十條第五項及第六項ノ規定ハ第一項及前項ノ選擧ニ之ヲ準用ス

【講義】 本條は町村會議員に當選無效、又は選擧無效、議員の定數に足る當選者を得ることを得ない場合に如何にすべきかを定めたのである。

第三十五條　町村會議員被選擧權ヲ有セサル者ナルトキ又ハ第二十九條第五項ニ掲クル者ナルトキハ其ノ職ヲ失フ其ノ被選擧權ノ有無又ハ第二十九條第五項ニ掲クル者ニ該當スルヤ否ハ町村會議員カ左ノ各號ノ一ニ該當スルニ因リ被選擧權ヲ有セサル場合ヲ除クノ外町村會之ヲ定ム（同上改正）

一 禁治産者又ハ準禁産者ト爲リタルトキ
二 破産者ト爲リタルトキ(大正十五年法律第七十五號改正)
三 禁錮以上ノ刑ニ處セラレタルトキ
四 選擧ニ關スル犯罪ニ依リ罰金ノ刑ニ處セラレタルトキ
町村長ハ町村會議員中被選擧權ヲ有セサル者又ハ第二十九條第五項ニ掲クル者アリト認ムルトキハ之ヲ町村會ノ決定ニ付スヘシ町村會ハ其ノ送付ヲ受ケタル日ヨリ十四日以内ニ之ヲ決定スヘシ
第一項ノ決定ヲ受ケタル者其ノ決定ニ不服アルトキハ府縣參事會ニ訴願シ其ノ裁決又ハ第四項ノ裁決ニ不服アルトキハ行政裁判所ニ出訴スルコトヲ得
第一項ノ決定及前項ノ裁決ニ付テハ町村長ヨリモ訴願又ハ訴訟ヲ提起スルコトヲ得
前二項ノ裁決ニ付テハ府縣知事ヨリモ訴訟ヲ提起スルコトヲ得

第三十三條第九項ノ規定ハ第一項前第三項ノ場合ニ之ヲ準用ス

第一項ノ決定ハ文書ヲ以テ之ヲ爲シ其ノ理由ヲ附シ之ヲ本人ニ交付スヘシ

【講義】 本條は町村會議員にして、其の職を失ふ其の原因、決定、及決定に對する不服に關する規定である。

第三十六條 第十八條ノ三及第三十三條ノ場合ニ於テ府縣參事會ノ決定及裁決ハ府縣知事町村會ノ決定ハ町村長直ニ之ヲ告示スヘシ

第三十六條ノ二 町村會議員ノ選擧ニ付テハ衆議院議員選擧法第九十一條第九十二條、第九十八條、第九十九條第二項、第百條及第百四十二條ノ規定ヲ準用ス(大正十五年法律第七十五號ヲ以テ本條追加)

【講義】 第十八條ノ三及第三十三條、即ち選擧人名簿に關する異議決定、訴願の裁決、選擧又は當選の效力に關する異議に關し參事會の決定及裁決、町村會の決定につき其告示の手續を定めたのである。

第三十七條　本法又ハ本法ニ基キテ發スル勅令ニ依リ設置スル議員ノ選擧ニ付テハ衆議院議員選擧ニ關スル罰則ヲ準用ス

【講義】本條は町村會議員選擧に關する罰則である。本條に準用する衆議院議員選擧罰則は關係法規に收めてあるから參照せられたい。

第三十八條　特別ノ事情アル町村ニ於テハ府縣知事ハ其ノ町村ヲシテ町村會ヲ設ケス選擧權ヲ有スル町村公民ノ總會ヲ以テ之ニ充テシムルコトヲ得（大正十五年法律第七十五號改正）

町村總會ニ關シテハ町村會ニ關スル規定ヲ準用ス

【講義】本條は特別の事情ある町村の町村會に關する規定である。

第二款　職務權限

本款は町村會の職務の權限を規定したのである。依つて町村會の總ての職務の權限は本款に網羅されてある譯である。

第三十九條　町村會ハ町村ニ關スル事件及法律勅令ニ依リ其ノ權限ニ屬スル事件ヲ議決ス

【講義】本條は町村會は町村に關する事件及法律勅令に依り其の權限に屬する事件を議決する機關であることを規定したのである。

第四十條　町村會ノ議決スヘキ事件ノ概目

一　町村條例及町村規則ヲ設ケ又ハ改廢スル事

二　町村費ヲ以テ支辨スヘキ事業ニ關スル事但シ第七十七條ノ事務及法律勅令ニ規定アルモノハ此ノ限ニ在ラス

三　歲入出豫算ヲ定ムル事

四　決算報告ヲ認定スル事

五　法令ニ定ムルモノヲ除クノ外使用料、手數料、加入金、町村稅又ハ夫役

現品ノ賦課徴收ニ關スル事

六　不動產ノ管理處分及取得ニ關スル事

七　基本財產及積立金穀等ノ設置管理及處分ニ關スル事

八　歲入出豫算ヲ以テ定ムルモノヲ除クノ外新ニ義務ノ負擔ヲ爲シ及權利ノ拋棄ヲ爲ス事

九　財產及營造物ノ管理方法ヲ定ムル事但シ法律勅令ニ規定アルモノハ此ノ限ニ在ラス

十　町村吏員ノ身元保證ニ關スル事

十一　町村ニ係ル訴願訴訟及和解ニ關スル事

【講義】　本條は町村會に於て議決すべき事項の範圍を定めた規定である。

第四十一條　町村會ハ法律勅令ニ依リ其ノ權限ニ屬スル選擧ヲ行フヘシ

【講義】　本條は法律勅令に依る町村會の權限に屬する選擧に就ての規定であ

る。

第四十二條　町村會ハ町村ノ事項ニ關スル書類及計算書ヲ檢閲シ町村長ノ報告ヲ請求シテ事務ノ管理議決ノ執行及出納ヲ檢査スルコトヲ得

町村會ハ議員中ヨリ委員ヲ選擧シ町村長又ハ其ノ指名シタル吏員立會ノ上實地ニ就キ前項町村會ノ權限ニ屬スル事件ヲ行ハシムルコトヲ得

【講義】　本條は町村會の事務の檢査に關する規定である。卽ち町村會は町村の事務に關する書類及計算書を檢閲し、町村長の報告を請求して事務の管理、議決の執行及出納を檢査することを得る權限を與へられて居る。

第四十三條　町村會ハ町村ノ公益ニ關スル事件ニ付意見書ヲ關係行政廳ニ提出スルコトヲ得（昭和四年法律第五十七號改正）

【講義】　本條は町村會が町村の公益に關する事項に付き、意見書を町村長又は監督官廳に提出することが出來る權限を與へた規定である。

第四十四條　町村會ハ行政廳ノ諮問アルトキハ意見ヲ答申スヘシ
町村會ノ意見ヲ徵シテ處分ヲ爲スヘキ場合ニ於テ町村會成立セス、招集ニ應セス若ハ意見ヲ提出セス又ハ町村會ヲ招集スルコト能ハサルトキハ當該行政廳ハ其ノ意見ヲ俟タスシテ直ニ處分ヲ爲スコトヲ得

【講義】本條は行政官廳の諮問あるときは町村會は、これに答申すべき事を規定したのである。

第四十五條　町村會ハ町村長ヲ以テ議長トス町村長故障アルトキハ其ノ代理者議長ノ職務ヲ代理ス町村長及其ノ代理者共ニ故障アルトキハ臨時ニ議員中ヨリ假議長ヲ選擧スヘシ(大正十五年法律第七十五號ヲ以テ改正)
前項ノ假議長ノ選擧ニ付テハ年長ノ議員議長ノ職務ヲ代理ス年齡同シキトキハ抽籤ヲ以テ之ヲ定ム

特別ノ事情アル町村ニ於テハ第一項ノ規定ニ拘ラス町村條例ヲ以テ町村會ノ選擧ニ依ル議長及其ノ代理者一人ヲ置クコトヲ得此ノ場合ニ於テハ市制第四十八條及第四十九條ノ規定ヲ準用ス

第四十六條　町村長及其ノ委任又ハ囑託ヲ受ケタル者ハ會議ニ列席シテ議事ニ參與ルルコトヲ得但シ議決ニ加ハルコトヲ得ス

前項ノ列席者發言ヲ求ムルトキハ議長ハ直ニ之ヲ許スヘシ但シ之カ爲議員ノ演說ヲ中止セシムルコトヲ得ス

第四十七條　町村會ハ町村長之ヲ招集ス議員定數ノ三分ノ一以上ヨリ會議ニ付スヘキ事件ヲ示シテ町村會招集ノ請求アリタルトキハ町村長ハ之ヲ招集スヘシ（昭和四年法律第五十七號本項改正）

町村長ハ會期ヲ定メテ町村會ヲ招集スルコトヲ得此ノ場合ニ於テ必要アリト認ムルトキハ町村長ハ更ニ期限ヲ定メ町村會ノ會期ヲ延長スルコトヲ得（同

上)

招集及會議ノ事件ハ開會ノ日前三日目迄ニ之ヲ告知スヘシ但シ急施ヲ要スル場合ハ此ノ限ニ在ラス(大正十五年法律第七十五號本項改正)

町村會開會中急施ヲ要スル事件アルトキハ町村長ハ直ニ之ヲ其ノ會議ニ付スルコトヲ得會議ニ付スル日前三日目迄ニ告知ヲ爲シタル事件ニ付亦同シ(同上)

【講義】　本條は町村會の招集、開會及閉會に關する規定である。

第四十八條　町村會ハ議員定數ノ半數以上出席スルニ非サレハ會議ヲ開クコトヲ得ス但シ第五十條ノ除斥ノ爲半數ニ滿タサルトキ同一ノ事件ニ付招集再回ニ至ルモ仍半數ニ滿タサルトキ又ハ招集ニ應スルモ出席議員定數ヲ缺キ議長ニ於テ出席ヲ催告シ仍半數ニ滿タサルトキハ此ノ限ニ在ラス

【講義】　本條は町村會の議員の定數に關する規定である。第一項に依れば、議員總數の半數以上の議員の出席が無ければ、會議は開かれぬことになつて居る。併し第五十條の除斥の爲半數に滿たざる時と雖も例外として會議を開くことが出來る規定になつて居る又同一事件に付き再回招集するも、過半數に至らない時も、例外として議決する事を許す規定になつて居る。

第四十九條　町村會ノ議事ハ過半數ヲ以テ決ス可否同數ナルトキハ議長ノ決スル所ニ依ル

議長ハ其ノ職務ヲ行フ場合ニ於テモ之カ爲議員トシテ議決ニ加ハルノ權ヲ失ハス（大正十五年法律第七十五號ヲ以テ本項追加）

【講義】　議事ハ過半數を以て決する同數の時は議長の意見で定まる。

第五十條　議長及議員ハ自己又ハ父母、祖父母、妻、子、孫兄弟姉妹ノ一身上ニ關スル事件ニ付テハ其ノ議事ニ參與スルコトヲ得ス但シ町村會ノ同意ヲ得

タルトキハ會議ニ出席シ發言スルコトヲ得

【講義】 本條は議長及議員の除外に關することを規定したのである。

第五十一條　法律勅令ニ依リ町村會ニ於テ行フ選擧ニ付テハ第二十二條、第二十五條及第二十七條ノ規定ヲ準用ス其ノ投票ノ效力ニ關シ異議アルトキハ町會之ヲ決定ス（昭和四年法律第五十七號本條改正）

町村會ハ議員中異議ナキトキハ前項ノ選擧ニ付指名推薦ノ法ヲ用フルコトヲ得

指名推薦ノ法ヲ用フル場合ニ於テハ被指名者ヲ以テ當選者ト定ムヘキヤ否ヲ會議ニ付シ會員ノ同意ヲ得タル者ヲ以テ當選者トス

一ノ選擧ヲ以テ二人以上ヲ選擧スル場合ニ於テハ被指名者ヲ區分シテ前項ノ規定ヲ適用スルコトヲ得ス

第五十二條　町村會ノ會議ハ公開ス但シ左ノ場合ハ此ノ限ニ在ラス

一　議長ノ意見ヲ以テ傍聽ヲ禁止シタルトキ
二　議員二人以上ノ發議ニ依リ傍聽禁止ヲ可決シタルトキ
前項議員ノ發議ハ討論ヲ須キス其ノ可否ヲ決スヘシ
第四十五條第三項ノ町村ニ於ケル町村會ノ會議ニ付テハ前二項ノ規定ニ拘ラス市制第五十六條ノ規定ヲ準用ス（大正十五年法律第七十五號本項追加）
第五十三條　議長ハ會議ヲ總理シ會議ノ順序ヲ定メ其ノ日ノ會議ヲ開閉シ議場ノ秩序ヲ保持ス
議員定數ノ半數以上ヨリ請求アルトキハ議長ハ其ノ日ノ會議ヲ開クコトヲ要ス此ノ場合ニ於テ議長仍會議ヲ開カサルトキハ第四十五條ノ例ニ依ル（大正十年法律第五十九號ヲ以テ本項追加）
前項議員ノ請求ニ依リ會議ヲ開キタルトキ又ハ議員中異議アルトキハ議長ハ會議ノ議決ニ依ルニ非サレハ其ノ日ノ會議ヲ閉チ又ハ中止スルコトヲ得ス

（同上）

【講義】本條は町村會議長の職權に關する規定である。而して議長の職權と云へば、其の日の會議の開閉、會議の順序、議事の整理、會場の秩序保持、町村會の代表等の諸般の職權、及裁決、傍聽禁止、町村會事務員任免等の諸般の職權を云ふのである。

第五十三條ノ二　町村會議員ハ町村會ノ議決スヘキ事件ニ付キ町村會ハ議案ヲ發スル事ヲ得但シ歲入出豫算ニ付テハ此ノ限リニ在ラス（昭和四年法律第五十七號ヲ以テ本條追加）

前項ノ規定ニ依ル發案ハ議員三人以上ヨリ文書ヲ以テ之ヲ爲スコトヲ要ス

第五十四條　議員ハ選擧人ノ指示又ハ委囑ヲ受クヘカラス

議員ハ會議中無禮ノ語ヲ用ヰ又ハ他人ノ身上ニ涉リ言論スルコトヲ得ス

【講義】本條は議員としての義務に付ての規定である。

第五十五條　會議中本法又ハ會議規則ニ違ヒ其ノ他議場ノ秩序ヲ紊ス議員アルトキハ議長ハ之ヲ制止シ又ハ發言ヲ取消サシメ命ニ從ハサルトキハ當日ノ會議ヲ終ル迄發言ヲ禁シ又ハ議場外ニ退去セシメ必要アル場合ニ於テハ警察官吏ノ處分ヲ求ムルコトヲ得

議場騷擾ニシテ整理シ難キトキハ議長ハ當日ノ會議ヲ中止シ又ハ之ヲ閉ツルコトヲ得

【講義】　本條は議長が、議場の秩序保持及議員に對する其の權限を規定したのである。

第五十六條　傍聽人公然可否ヲ表シ又ハ喧騷ニ渉リ其ノ他會議ノ妨害ヲ爲ストキハ議長ハ之ヲ制止シ命ニ從ハサルトキハ之ヲ退場セシメ必要アル場合ニ於テ警察官吏ノ處分ヲ求ムルコトヲ得

傍聽席騷擾ナルトキハ議長ハ總テノ傍聽人ヲ退場セシメ必要アル場合ニ於テ

ハ警察官吏ノ處分ヲ求ムルコトヲ得

【講義】本條は議長の權限たる議場の秩序保持上傍聽人の取締に關する事を定めたる規定である。

第五十七條　町村會ニ書記ヲ置キ議長ニ隷屬シテ庶務ヲ處理セシム書記ハ議長之ヲ任免ス

【講義】本條は町村會に書記を置き、議長に隷屬せしめて庶務を處理せしめ書記の任免は議長の權限として規定したのである。

第五十八條　議長ハ書記ヲシテ會議錄ヲ調成シ會議ノ顚末及出席議員ノ氏名ヲ記載セシムヘシ

會議錄ハ議長及議員二人以上之ヲ署名スルコトヲ要ス其ノ議員ハ町村會ニ於テ之ヲ定ムヘシ

第四十五條第三項ノ町村ニ於ケル町村會ノ會議ニ付テハ市制第六十二條第三

項ノ規定ヲ準用ス（大正十五年法律第七十五號本項追加）

【講義】 本條は會議の顚末及出席議員の氏名を記載したる會議錄を書記をして調成せしめ、又これに議長及議員二人以上の署名を爲し特別の事情ある町村では市長に報告することになつて居る。

第五十九條 町村會ハ會議規則及傍聽人取締規則ヲ設クヘシ

會議規則ニハ本法及會議規則ニ違反シタル議員ニ對シ町村會ノ議決ニ依リ五日以内出席ヲ停止スル規定ヲ設クルコトヲ得

【講義】 本條は町村會が會議規則及傍聽人取締規則を設定するにつきての規定である。

第三章 町村吏員

第一款 組織選擧及任免

本款は町村の吏員に關する規定である。

第六十條　町村ニ町村長及助役一人ヲ置ク但シ町村條例ヲ以テ助役ノ定數ヲ增加スルコトヲ得

【講義】本條は町村に町村長及助役を置く事を規定したものであつて原則としては助役は一名であるが、町村條例を以て助役の定數を增加する事が出來る事にしてある。

第六十一條　町村長及助役ハ名譽職トス

町村ハ町村條例ヲ以テ町村長又ハ助役ヲ有給ト爲スコトヲ得

【講義】本條は町村長及助役は原則としては名譽職即ち無給であるが町村條例を以て有給とする事も出來る規定である。

第六十二條　町村長及助役ノ任期ハ四年トス

【講義】本條は町村長及助役の任期は四年と規定したのである。

第六十三條　町村長ハ町村會ニ於テ之ヲ選擧ス

町村長ノ在職中ニ於テ行フ後任町村長ノ選擧ハ現任町村長ノ任期滿了ノ日前二十日以内又ハ現任町村長ノ退職ノ申立アリタル場合ニ於テ其ノ退職スヘキ日前二十日以内ニ非サレハ之ヲ行フコトヲ得ス（昭和四年法律第五十七號ヲ以テ本項追加）

第一項ノ選擧ニ於テ當選者定マリタルトキハ直ニ當選者ニ當選ノ旨ヲ告知スヘシ（同上追加）

町村長ニ當選シタル者當選ノ告知ヲ受ケタルトキハ其ノ告知ヲ受ケタル日ヨリ二十日以内ニ其ノ當選ニ應スルヤ否ヲ申出ツヘシ其ノ期間内ニ當選ニ應スル旨ノ申立ヲ爲ササルトキハ當選ヲ辭シタルモノト看做ス（同上）

第二十九條第三項ノ規定ハ町村長ニ當選シタルモノト看做ス（同上）

助役ハ町村長ノ推薦ニ依リ町村會之ヲ定ム町村長職ニ在ラサルトキハ前項ノ例ニ依ル（同上改正）

第二項乃至第五項ノ規定ハ助役ニ之ヲ準用ス(同上)
名譽職町村長及名譽職助役ハ其ノ町村公民中選擧權ヲ有スル者ニ限ル(同上訓位繰下ケ)
有給町村長及有給助役ハ第七條第一項ノ規定ニ拘ラス在職ノ間其ノ町村ノ公民トス(同上)
【講義】 本條は町村長及助役の選擧、推薦及公民權附與に關する規定である
第六十四條 有給町村長及有給助役ハ其ノ退職セムトスル前三十日目迄ニ申立ツルニ非サレハ任期中退職スルコトヲ得ス但シ町村會ノ承認ヲ得タルトキハ此ノ限ニ在ラス(大正十五年法律第七十五號改正)
【講義】 本條は有給町村長及び有給助役の退職に就ての規定である。
第六十五條 町村長及助役ハ第十五條第二項又ハ第四項ニ掲ケタル職ト兼ヌルコトヲ得ス又其ノ町村ニ對シ請負ヲ爲シ又ハ其ノ町村ニ於テ費用ヲ負擔スル

事業ニ付町村長若ハ其ノ委任ヲ受ケタル者ニ對シ請負ヲ爲ス者及其ノ支配人又ハ主トシテ同一ノ行爲ヲ爲ス法人ノ無限責任社員取締役監査役若ハ之ニ準スヘキ者、淸算人及支配人タルコトヲ得ス(同上)

【講義】 本條は町村長及助役の在職中に係る制限の規定である。

第六十六條 有給町村長ハ府縣知事ノ許可ヲ受クルニ非サレハ他ノ報償アル業務ニ從事スルコトヲ得ス

有給町村長及有給助役ハ會社ノ取締名監査役若ハ之ニ準スヘキ者淸算人又ハ支配人其ノ他ノ事務員タルコトヲ得ス(大正十年法律第五十九號ヲ以テ改正)

【講義】 本條は前條と同趣旨の規定である。

第六十七條 町村ニ收入役一人ヲ置ク但シ特別ノ事情アル町村ニ於テハ町村條例ヲ以テ副收入役一人ヲ置クコトヲ得

收入役及副收入役ハ有給吏員トシ其ノ任朝ハ四年トス

第六十三條第二項乃至第六項及第九項、第六十五條並前條第二項ノ規定ハ收入役及副收入役ニ之ヲ準用ス（昭和四年法律第五十七號ヲ以テ本項改正）
町村長又ハ助役ト父子兄弟タル緣故アル者ハ收入役又ハ副收入役ノ職ニ在ルコトヲ得ス收入役ト父子兄弟タル緣故アル者ハ副收入役ノ職ニ在ルコトヲ得ス
特別ノ事情アル町村ニ於テハ府縣知事ノ許可ヲ得テ町村長又ハ助役ヲシテ收入役ノ事務ヲ兼掌セシムルコトヲ得（大正十五年法律第七十五號改正）

【講義】　本條は町村の收入役、副收入役の地位に關する規定であつて特別の事情ある町村では府縣知事の許可を得て町村長又は助役が事務を兼掌する事が出來る規定である。

第六十八條　町村ハ處務便宜ノ爲區ヲ劃シ區長及其ノ代理者一人ヲ置クコトヲ得

區長及其ノ代理者ハ名譽職トス町村公民中選擧權ヲ有スル者ヨリ町村長ノ推薦ニ依リ町村會之ヲ定ム此ノ場合ニ於テハ第六十三條第二項乃至第五項ノ規定ヲ準用ス（昭和四年法律第五十七號ヲ以テ本項改正）

【講義】本條は處務便宜の爲めに、町村に區を劃して、區長及其の代理者を置くことを規定したのである。

第六十九條　町村ハ臨時又ハ常設ノ委員ヲ置クコトヲ得

委員ハ名譽職トス町村會議員又ハ町村公民中選擧權ヲ有スル者ヨリ町村長ノ推薦ニ依リ町村會之ヲ定ム但シ委員長ハ町村長又ハ其ノ委任ヲ受ケタル助役ヲ以テ之ニ充ツ

第六十三條第二項乃至第五項ノ規定ハ委員ニ之ヲ準用ス（昭和四年法律第五十七號ヲ以テ本項追加）

委員ノ組織ニ關シテハ町村條例ヲ以テ別段ノ規定ヲ設クルコトヲ得（同上順位繰下ケ）

【講義】 町村は臨時又は常設の委員を設くる事が出來るのである其の委員は町村長の推薦に依て町村會が定めるので而して委員は名譽職なのである。

第七十條 町村公民ニ限リテ擔任スヘキ職務ニ在ル吏員又ハ職ニ就キタルカ爲町村公民タル者選擧權ヲ有セサルニ至リタルトキハ其ノ職ヲ失フ
前項ノ職務ニ在ル者ニシテ禁錮以上ノ刑ニ當ルヘキ罪ノ爲豫審又ハ公判ニ付セラレタルトキハ監督官廳ハ其ノ職務ノ執行ヲ停止スルコトヲ得此ノ場合ニ於テハ其ノ停止期間報酬又ハ給料ヲ支給スルコトヲ得

【講義】 本條は名譽職町村長及名譽職助役其の他町村公民に限りて擔任すべき職務に在る吏員の失職及停職に關する規定である。

第七十一條 前數條ニ定ムル者ノ外町村ニ必要ノ有給吏員ヲ置キ町村長之ヲ任免ス

前項吏員ノ定數ハ町村會ノ議決ヲ經テ之ヲ定ム

【講義】本條は町村に前數條に定むる者の外に、補助として有給の吏員を置く事を規定したのである。

此の規定に依りて有給吏員を置く時は、其の定數は、町村會の議決を經て之を定めねばならぬ。

第二款　職務權限

本款は町村吏員の職務權限に關する事を規定したのである。

第七十二條　町村長ハ町村ヲ統轄シ町村ヲ代表ス

町村長ノ擔任スル事務ノ概目左ノ如シ

一　町村會ノ議決ヲ經ヘキ事件ニ付其ノ議案ヲ發シ及其ノ議決ヲ執行スル事

二　財產及營造物ヲ管理スル事但シ特ニ之カ管理者ヲ置キタルトキハ其ノ事

務ヲ監督スル事
三　收入支出ヲ命令シ及會計ヲ監督スル事
四　證書及公文書類ヲ保管スル事
五　法令又ハ町村會ノ議決ニ依リ使用料、手數料、加入金、町村税又ハ夫役現品ヲ賦課徴收スル事
六　其ノ他法令ニ依リ町村長ノ職權ニ屬スル事項
【講義】本條は町村長は町村を統轄し、町村を代表し、而して町村長の擔任する事務の概目を規定したのである。
第七十三條　町村長ハ町村吏員ヲ指揮監督シ之ニ對シ懲戒ヲ行フコトヲ得其ノ懲戒處分ハ譴責及五圓以下ノ過怠金トス
【講義】本條は町村長の町村吏員に對し指揮監督の權限と懲戒權とを規定したのである。

第七十四條　町村會ノ議決又ハ選擧其ノ權限ヲ越エ又ハ法令若ハ會議規則ヲ背クト認ムルトキハ町村長ハ其ノ意見ニ依リ又ハ監督官廳ノ指揮ニ依リ理由ヲ示シテ之ヲ再議ニ附シ又ハ再選擧ヲ行ハシムヘシ（昭和四年法律第五十七號ヲ以テ本條改正）

但シ特別ノ事由アリト認ムルトキハ町村長ハ議決ニ付テハ之ヲ再議ニ付セスシテ直ニ府縣參事會ノ裁決ヲ請フヘシ

前項ノ規定ニ依リ爲シタル町村會ノ議決仍其ノ權限ヲ越エ又ハ法令若ハ會議規則ニ背クト認ムルトキハ町村長ハ府縣參事會ノ裁決ヲ請フヘシ

監督官廳ハ前二項ノ議決又ハ選擧ヲ取消スコトヲ得

第一項若ハ第二項ノ裁決又ハ前項ノ處分ニ不服アル町村長又ハ町村會ハ行政裁判所ニ出訴スルコトヲ得

第一項又ハ第二項ノ裁決ニ付テハ府縣參事ヨリモ訴訟ヲ提起スルコトヲ得

【講義】　本條は町村會の議決又は選擧が其の權限を超えるか又は法令會議規

則に背くと町村長が認める時は其の意見に依るか又は監督官廳の指揮に依り理由を示して再議に付するか又は再簿擧を行ふか其の執行に依つて停止出來るのである、町村會で改めないときは府縣參事會の裁決を申請し特別の場合は直に申請出來るのである、監督官廳は裁決又は選擧を取消す事が出來るのである。

監督官廳の處分に不服あるときは內務大臣に訴願出來るのである。

第七十四條ノ二　町村會ノ議決明ニ公益ヲ害スト認ムルトキハ町村長ハ其ノ意見ニ依リ又ハ監督官廳ノ指揮ニ依リ理由ヲ示シテ之ヲ再議ニ付スヘシ但シ特別ノ事由アリト認ムルトキハ町村長ハ之ヲ再議ニ付セスシテ直ニ府縣知事ノ指揮ヲ請フコトヲ得(昭和四年法律第五十七號ヲ以テ本條追加)

前項ノ規定ニ依リ爲シタル町村會ノ議決仍明ニ公益ヲ害スト認ムルトキハ町村長ハ府縣知事ノ指揮ヲ請フヘシ

町村會ノ議決收支ニ關シ執行スルコト能ハサルモノアリト認ムルトキハ前二項ノ例ニ依ル左ニ揭クル費用ヲ削除シ又ハ減額シタル場合ニ於テ其ノ費用及之ニ伴フ收入ニ付亦同シ

一 法令ニ依リ負擔スル費用、當該官廳ノ職權ニ依リ命スル費用其ノ他ノ町村ノ義務ニ屬スル費用

二 非常災害ニ因ル應急又ハ復舊施設ノ爲ニ要スル費用、傳染病豫防ノ爲ニ要スル費用其ノ他ノ緊急避クヘカラサル費用

前三項ノ規定ニ依ル府縣知事ノ處分ニ不服アル町村長又ハ町村ハ內務大臣ニ訴願スルコトヲ得

第七十五條 町村會成立セサルトキ又ハ第四十八條但書ノ場合ニ於テ仍會議ヲ開クコト能ハサルトキハ町村長ハ府縣知事ニ具狀シテ指揮ヲ請ヒ町村會ノ議決スヘキ事件ヲ處置スルコトヲ得(大正十五年法律第七十五號改正)

町村會ニ於テ其ノ議決スヘキ事件ヲ議決セサルトキハ前項ノ例ニ依ル
町村會ノ決定スヘキ事件ニ關シテハ前二項ノ例ニ依ル此ノ場合ニ於ケル町村長ノ處置ニ關シテハ各本條ノ規定ニ準シ訴願又ハ訴訟ヲ提起スルコトヲ得
前三項ノ規定ニ依ル處置ニ付テハ次回ノ會議ニ於テ之ヲ町村會ニ報告スヘシ

【講義】 本條は町村會を開くこと能はざる場合に於て町村長は府縣知事に具狀して指揮を請ひ、町村會の議決すべき事件を處置することを得さしむる規定である。

第七十六條 町村會ニ於テ議決又ハ決定スヘキ事件ニ關シ臨時急施ヲ要スル場合ニ於テ町村會成立セサルトキ又ハ町村長ニ於テ之ヲ招集スルノ暇ナシト認ムルトキハ町村長ハ之ヲ專決シ次回ノ會議ニ於テ町村會ニ報告スヘシ
前項ノ規定ニ依リ町村長ノ爲シタル處分ニ關シテハ各本條ノ規定ニ準シ訴願又ハ訴訟ヲ提起スルコトヲ得

【講義】本條は町村會成立しない時、又町村長に於て之を招集するの暇無しとする時に、臨機の處置を執らしむることを規定したのである。

第七十六條ノ二　町村會ノ權限ニ屬スル事項ノ一部ハ其ノ議決ニ依リ町村長ニ於テ專決處分スルコトヲ得（昭和四年法律第五十七號ヲ以テ本條追加）

【講義】町村會の一部の權限を議決に依て町村長が處分出來る定めである。

第七十七條　町村長其ノ他町村吏員ハ從來法令又ハ將來法律勅令ノ定ムル所ニ依リ國府縣其ノ他公共團體ノ事務ヲ掌ル（昭和四年法律第五十七號改正）

前項ノ事務ヲ執行スル爲要スル費用ハ町村ノ負擔トス但シ法令中別段ノ規定アルモノハ此ノ限ニ在ラス

【講義】本條は町村長其の他町村吏員が國府縣其の他公共團體の事務を擔任する事と、其の執行費用の負擔を規定したのである。

第七十八條　町村長ハ其ノ事務ノ一部ヲ助役又ハ區長ニ分掌セシムルコトヲ得

但シ町村ノ事務ニ付テハ豫メ町村會ノ同意ヲ得ルコトヲ要ス

町村長ハ町村吏員ヲシテ其ノ事務ノ一部ヲ臨時代理セシムルコトヲ得

【講義】 本條は町村長が其の事務の一部を助役又は區長に分掌せしむる事を得る規定と、町村長が町村吏員をして其の事務の一部を臨時代理せしむる事を得る規定である。

第七十九條 助役ハ町村長ノ事務ヲ補助ス

助役ハ町村長故障アルトキ之ヲ代理ス助役數人アルトキハ豫メ町村長ノ定メタル順序ニ依リ之ヲ代理ス

【講義】 本條は町村助役に關する規定である。

第八十條 收入役ハ町村ノ出納其ノ他ノ會計事務及第七十七條ノ事務ニ關スル國府縣其ノ他公共團體ノ出納其ノ他ノ會計事務ヲ掌ル但シ法令中別段ノ規定アルモノハ此ノ限ニ在ラス

町村會ハ町村長ノ推薦ニ依リ收入役故障アルトキ之ヲ代理スヘキ吏員ヲ定ムヘシ但シ副收入役ヲ置キタル町村ハ此ノ限ニ在ラス

副收入役ハ收入役ノ事務ヲ補助シ收入役故障アルトキハ之ヲ代理ス

町村長ハ收入役ノ事務ノ一部ヲ副收入役ニ分掌セシムルコトヲ得但シ町村ノ出納其ノ他ノ會計事務ニ付テハ豫メ町村會ノ同意ヲ得ルコトヲ要ス（大正十五年法律第七十五號改正）

【講義】 本條は町村收入役及副收入役の職務權限に關する規定である。

第八十一條　區長ハ町村長ノ命ヲ承ケ町村長ノ事務ニシテ區內ニ關スルモノヲ補助ス

區長代理者ハ區長ノ事務ヲ補助シ區長故障アルトキ之ヲ代理ス

【講義】 本條は町村の區長が、町村長の命を承け、町村長の事務にして區內に關するものを補助するの規定である。

第八十二條　委員ハ町村長ノ指揮監督ヲ承ケ財産又ハ營造物ヲ管理シ其ノ他委託ヲ受ケタル町村ノ事務ヲ調査シ又ハ之ヲ處辨ス

【講義】本條は町村の名譽職なる委員に關する規定である。

第八十三條　第七十一條ノ吏員ハ町村長ノ命ヲ承ケ事務ニ從事ス

【講義】町村長に於て任免すべき町村吏員の職務權限に關する規定である。

第四章　給料及給與

本章は町村の名譽職に支給すべき給料及給與に關する規定である。

第八十四條　名譽職町村長、名譽職助役、町村會議員其ノ他ノ名譽職員ハ職務ノ爲要スル費用ノ辨償ヲ受クルコトヲ得

名譽職町村長、名譽職助役、區長、區長代理者及委員ニハ費用辨償ノ外勤務

ヲ相當スル報酬ヲ給スルコトヲ得
費用辨償額、報酬額及其ノ支給方法ハ町村條例ヲ以テ之ヲ規定スヘシ（昭和四年法律第五十七號改正）
【講義】本條は町村の有給町村長、有給助役其の他の有給吏員の給料額、旅費の支給に關する規定である。
第八十六條　有給吏員ニハ町村條例ノ定ムル所ニ依リ退隱料退職給與金、死亡給與金又ハ遺族扶助料ヲ給スルコトヲ得
【講義】本條は町村の有給吏員に退隱料、退職給與金、死亡給與金、遺族扶助料の支給に關する規定である。
第八十七條　費用辨償、報酬、給料、旅費、退隱料、退職給與金、死亡給與金又ハ遺族扶助料ノ給與ニ付關係者ニ於テ異議アルトキハ之ヲ町村長ニ申立ツルコトヲ得

前項ノ異議ノ申立アリタルトキハ町村長ハ七日以内ニ之ヲ町村會ノ決定ニ付スヘシ關係者其ノ決定ニ不服アルトキハ府縣參事會ニ訴願シ其ノ裁決又ハ第三項ノ裁決ニ不服アルトキハ行政裁判所ニ出訴スルコトヲ得

前項ノ決定及裁決ニ付テハ町村長ヨリモ訴願又ハ訴訟ヲ提起スルコトヲ得

前二項ノ裁決ニ付テハ府縣知事ヨリモ訴訟ヲ提起スルコトヲ得

【講義】 本條は費用辨償、報酬、給料、旅費、退隱料、退職給與金、死亡給與金、遺族扶助料の給與につき關係者に於て異議ある時に如何にすべきかにつきて規定したのである。

第八十八條 費用辨償、報酬、給料、旅費、退隱料、退職給與金、死亡給與金遺族扶助料其ノ他ノ給與ハ町村ノ負擔トス

【講義】 本條は給料及諸給與は町村の負擔たる事を規定したのである。

第五章　町村ノ財務

第一款　財産營造物及町村稅

本章は町村の財務に關する規定にして、第一款は町村の財產營造物及町村稅に於て規定したのである。

第八十九條　收益ノ爲ニスル町村ノ財產ハ基本財產トシテ之ヲ維持スヘシ（大正十五年法律第七十五號改正）

町村ハ特定ノ目的ノ爲特別ノ基本財產ヲ設ケ又ハ金錢等ヲ積立ツルコトヲ得

【講義】本條は町村の收益の爲にする基本財產及特定の目的の爲に積立金を爲す事を得る規定である。

第九十條　舊來ノ慣行ニ依リ町村住民中特ニ財產又ハ營造物ヲ使用スル權利ヲ有スル者アルトキハ其ノ舊慣ニ依ル舊慣ヲ變更又ハ廢止セムトスルトキハ町

村會ノ議決ヲ經ヘシ

前項ノ財產又ハ營造物ヲ新ニ使用セムトスル者アルトキハ町村ハ之ヲ許可スルコトヲ得

【講義】本條は舊慣に依り住民が町村の財產又は營造物の使用權に關する規定である。

第九十一條　町村ハ前條ニ規定スル財產ノ使用方法ニ關シ町村規則ヲ設クルコトヲ得

【講義】本條は前條に規定する使用方法に關して町村規則を設くる事を得る規定である。

第九十二條　町村ハ第九十條第一項ノ使用者ヨリ使用料ヲ徵收シ同條第二項ノ使用ニ關シテハ使用料若ハ一時ノ加入金ヲ徵收シ又ハ使用料及加入金ヲ共ニ徵收スルコトヲ得

【講義】本條は町村は第九十條第一項の使用者より使用料を徴收し、又同條第二項の使用者より使用料若は加入金を徴收する事を得る規定である。

第九十三條　町村ハ營造物ノ使用ニ付使用料ヲ徴收スルコトヲ得
町村ハ特ニ一個人ノ爲ニスル事務ニ付手數料ヲ徴收スルコトヲ得

【講義】本條は町村の營造物の使用に關する使用料及個人の爲にする事務に付き手數料を徴收する事を得る規定である。

第九十四條　財産の賣却貸與、工事ノ請負及物件勞力其ノ他ノ供給ハ競爭入札ニ付スヘシ但シ臨時急施ヲ要スルトキ、入札ノ價額其ノ費用ニ比シテ得失相償ハサルトキ又ハ町村會ノ同意ヲ得タルトキハ此ノ限ニアラス

【講義】本條は町村に於て財産の賣却、工事の請負其の他の供給を契約する時は、競爭入札に附すべき事を規定したのである。

第九十五條　町村ハ其ノ公益上必要アル場合ニ於テハ寄附又ハ補助ヲ爲スコトヲ得

【講義】本條は町村が寄附又は補助を爲し得る規定である。

第九十六條　町村ハ其ノ必要ナル費用及從來法令ニ依リ又ハ將來法律勅令ニ依リ町村ノ負擔ニ屬スル費用ヲ支辦スル義務ヲ負フ

町村ハ其ノ財產ヨリ生スル收入、使用料、手數料、過料、過怠金其ノ他法令ニ依リ町村ニ屬スル收入ヲ以テ前項ノ支出ニ充テ仍不足アルトキハ町村稅及夫役現品ヲ賦課徵收スルコトヲ得

【講義】本條は町村の負擔すべき費用及費用の財源に就ての規定である。

第九十七條　町村稅トシテ賦課スルコトヲ得ヘキモノ左ノ如シ

一　直接國府縣稅ノ附加稅(昭和四年法律第五十七號本項改正)

二　特別稅

直接國稅又ハ府縣稅ノ附加稅ハ均一ノ稅率ヲ以テ之ヲ徵收スヘシ但シ第百四十七條ノ規定ニ依リ許可ヲ受ケタル場合ハ此ノ限ニ在ラス(同上)

國稅ノ附加稅タル府縣稅ニ對シテハ附加稅ヲ賦課スルコトヲ得ス

特別稅ハ別ニ稅目ヲ起シテ課稅スルノ必要アルトキ賦課徵收スルモノトス

【講義】 本條は町村稅として賦課する諸種の稅に關する規定である。

第九十八條 三月以上町村內ニ滯在スル者ハ其ノ滯在ノ初ニ遡リ町村稅ヲ納ムル義務ヲ負フ

【講義】 本條は町村住民に非らざる町村の滯在者に對する納稅義務の規定である。

第九十九條 町村內ニ住所ヲ有セス又ハ三月以上滯在スルコトナシト雖モ町村內ニ於テ土地家屋物件ヲ所有シ使用シ若ハ占有シ、町村內ニ營業所ヲ設ケテ營業ヲ爲シ又ハ町村內ニ於テ特定ノ行爲ヲ爲ス者ハ其ノ土地家屋物件營業若

ハ其ノ收入ニ對シ又ハ其ノ行爲ニ對シテ賦課スル町村稅ヲ納ムル義務ヲ負フ

【講義】 本條は町村の住民で無く、又滯在者て無くとも、其の町村內に於て特定の營業又は特定の行爲を爲す場合に納稅の義務ある事を規定したのである。

第九十九條ノ二　合併後存續スル法人又ハ合併ニ因リ設立シタル法人ハ合併ニ因リ消滅シタル法人ニ對シ其ノ合併前ノ事實ニ付賦課セラルヘキ町村稅ヲ納ムル義務ヲ負フ(昭和四年法律第五十七號ヲ以テ本條追加)

相續人又ハ相續財團ハ勅令ノ定ムル所ニ依リ被相續人ニ對シ其ノ相續開始前ノ事實ニ付賦課セラルヘキ町村稅ヲ納ムル義務ヲ負フ

第百條　納稅者ノ町村外ニ於テ所有シ使用シ占有スル土地家屋物件若ハ其ノ收入又ハ町村外ニ於テ營業所ヲ設ケタル營業若ハ其ノ收入ニ對シテハ町村稅ヲ賦課スルコトヲ得ス

町村ノ内外ニ於テ營業所ヲ設ケ營業ヲ爲ス者ニシテ其ノ營業又ハ收入ニ對スル本稅ヲ分別シテ納メサルモノニ對シ附加稅ヲ賦課スル場合及住所滯在町村ノ内外ニ渉ル者ノ收入ニシテ土地家屋物件又ハ營業所ヲ設ケタル營業ヨリ生スル收入ニ非サルモノニ對シ町村稅ヲ賦課スル場合ニ付テハ勅令ヲ以テ之ヲ定ム

【講義】本條は町村稅賦課に付き賦課すべき物件及賦課するを得ざるもの、及町村の内外に渉る課稅物件に關する規定である。

第百一條　所得稅法第十八條ニ揭クル所得ニ對シテハ町村稅ヲ賦課スルコトヲ得ス(大正十年法律第五十九號ヲ以テ本項中改正)

神社寺院祠宇佛堂ノ用ニ供スル建物及其ノ境内地並敎會所ノ用ニ充ツル者ニ對シテハ此ノ限ニ在ラス

國府縣市町村其ノ他公共團體ニ於テ公用ニ供スル家屋物件及營造物ニ對シテ

ハ町村税ヲ賦課スルコトヲ得ス但シ有料ニテ之ヲ使用セシムル者及使用收益者ニ對シテハ此ノ限ニ在ラス
國ノ事業又ハ行爲及國有ノ土地家屋物件ニ對シテハ國ニ町村税ヲ賦課スルコトヲ得ス
前四項ノ外町村税ヲ賦課スルコトヲ得サルモノハ別ニ法律勅令ノ定ムル所ニ依ル

第百一條ノ二　町村ハ公益上其ノ他ノ事由ニ因リ課税ヲ不適當トスル場合ニ於テハ命令ノ定ムル所ニ依リ町村税ヲ課セサルコトヲ得（大正十五年法律第七十五號本項追加）

第百二條　數人ヲ利スル營造物ノ設置維持其ノ他ノ必要ナル費用ハ其ノ關係者ニ負擔セシムルコトヲ得
町村ノ一部ヲ利スル營造物ノ設置維持其ノ他ノ必要ナル費用ハ其ノ部内ニ於テ町村税ヲ納ムル義務アル者ニ負擔セシムルコトヲ得

前二項ノ場合ニ於テ營造物ヨリ生スル收入アルトキハ先ツ其ノ收入ヲ以テ其ノ費用ニ充ツヘシ前項ノ場合ニ於テ其ノ一部ノ收入アルトキ亦同シ

數人又ハ町村ノ一部ヲ利スル財產ニ付テハ前三項ノ例ニ依ル

【講義】本條は營造物の設置維持に必要なる費用の負擔に關する規定である

第百三條　町村稅及其ノ賦課徵收ニ關シテハ本法其ノ他ノ法律ニ規定アルモノノ外勅令ヲ以テ之ヲ定ムルコトヲ得

【講義】本條は町村稅の賦課徵收に關して本法其の他の法律に規定あるものの外勅令を以て之を定むることを得る規定である。

第百四條　數人又ハ町村ノ一部ニ對シテ特ニ利益アル事件ニ關シテハ町村ハ不均一ノ賦課ヲ爲シ又ハ數人若ハ町村ノ一部ニ對シ賦課ヲ爲スコトヲ得

【講義】本條は數人又は町村の一部に對し利益ある事件に關して賦課を爲す改定である。

第百五條　夫役又ハ現品ハ直接町村税ヲ準率ト爲シ直接町村税ヲ賦課セサル町村ニ於テハ直接國税ヲ準率ト爲シ且之ヲ金額ニ算出シテ賦課スヘシ但シ第百四十七條ノ規定ニ依リ許可ヲ受ケタル場合ハ此ノ限ニ在ラス

學藝美術及手工ニ關スル勞務ニ付テハ夫役ヲ賦課スルコトヲ得ス

夫役ヲ賦課セラレタル者ハ本人自ラ之ニ當リ又ハ適當ノ代人ヲ出スコトヲ得

夫役又ハ現品ハ金錢ヲ以テ之ニ代フルコトヲ得

第一項及前項ノ規定ハ急迫ノ場合ニ賦課スル夫役ニ付テハ之ヲ適用セス

【講義】　本條は町村の夫役又は現品に關する規定である。

第百六條　非常災害ノ爲必要アルトキハ町村ハ他人ノ土地ヲ一時使用シ又ハ其ノ土石竹木其ノ他ノ物品ヲ使用シ若ハ收用スルコトヲ得但シ其ノ損失ヲ補償スヘシ

前項ノ場合ニ於テ危險防止ノ爲必要アルトキハ町村長、警察官吏ハ監督官廳

ハ町村内ノ居住者ヲシテ防禦ニ從事セシムルコトヲ得

第一項但書ノ規定ニ依リ補償スヘキ金額ハ協議ニ依リ之ヲ定ム協議調ハサルトキハ鑑定人ノ意見ヲ徴シ府縣知事之ヲ決定ス決定ヲ受ケタル者其ノ決定ニ不服アルトキハ内務大臣ニ訴願スルコトヲ得

前項ノ決定ハ文書ヲ以テ之ヲ爲シ其ノ理由ヲ附シ之ヲ本人ニ交付スヘシ

第一項ノ規定ニ依リ土地ノ一時使用ノ處分ヲ受ケタル者其ノ處分ニ不服アルトキハ府縣知事ニ訴願シ其ノ裁決ニ不服アルトキハ内務大臣ニ訴願スルコトヲ得(大正十五年法律第七十五號改正)

【講義】　本條は非常災害の場合に町村の有する特別權能として、土地を使用收用し、居住者を防禦に使用する事に關しての規定である。

第百七條　町村稅ノ賦課ニ關シ必要アル場合ニ於テハ當該官吏ハ日出ヨリ日沒迄ノ間營業者ニ關シテハ仍其ノ營業時間内家宅若ハ營業所ニ臨檢シ又ハ帳簿

物件ノ檢査ヲ爲スコトヲ得
前項ノ場合ニ於テハ當該吏員ハ其ノ身分ヲ證明スヘキ證票ヲ携帶スヘシ
【講義】 本條は町村稅の賦課につき町村吏員の臨檢及檢査に關する規定である。

第百八條 町村長ハ納稅者中特別ノ事情アル者ニ對シ納稅延期ヲ許スコトヲ得
其ノ年度ヲ越ユル場合ハ町村會ノ議決ヲ經ヘシ
町村ハ特別ノ事情アル者ニ限リ町村稅ヲ減免スルコトヲ得
【講義】 本條は納稅者中特別の事情ある者に對し、町村長が延納及減免するを得る規定である。

第百九條 使用料手數料及特別稅ニ關スル事項ニ付テハ町村條例ヲ以テ之ヲ規定スヘシ(大正十五年法律第七十五號改正)
詐僞其ノ他ノ不正ノ行爲ニ依リ使用料ノ徵收ヲ免レ又ハ町村稅ヲ逋脫シタル

者ニ付テハ町村條例ヲ以テ其ノ徵收ヲ免レ又ハ逋脫シタル金額ノ三倍ニ相當スル金額(其ノ金額五圓未滿ナルトキハ五圓)以下ノ過料ヲ科スル規定ヲ設クルコトヲ得

前項ニ定ムルモノヲ除クノ外使用料、手數料及町稅村ノ賦課徵收ニ關シテハ町村條例ヲ以テ五圓以下ノ過料ヲ科スル規定ヲ設クルコトヲ得財產又ハ營造物ノ使用ニ關シ亦同シ

過料ノ處分ヲ受ケタル者其ノ處分ニ不服アルトキハ府縣參事會ニ訴願シ其ノ裁決ニ不服アルトキハ行政裁判所ニ出訴スルコトヲ得

前項ノ裁決ニ付テハ府縣知事又ハ町村長ヨリモ訴訟ヲ提起スルコトヲ得

【講義】 本條は詐僞其の他種々不正な方法を以て使用料の徵收を免れたり、又は町村稅を納めぬ者あるときは、町村の規則に依て徵收を免れた り又は納めなかつた金額の三倍に當る金額を過料として徵收する規

則を設ける事が出來るのである、其の金額が五圓未滿の時は五圓。右の外使用料、手數料、町村税の賦課も五圓以下の過料を科する事も出來るのである、財産營造物の使用も同じである。

過料の處分に不服あるときは、其の處分を受けたるものは府縣參事會に訴願し不服あるときは行政裁判所へ出訴出來るのである。

第百十條　町村税ノ賦課ヲ受ケタル者其ノ賦課ニ付違法又ハ錯誤アリト認ムルトキハ徴税令書ノ交付ヲ受ケタル日ヨリ三月以內ニ町村長ニ異議ノ申立ヲ爲スコトヲ得

財產又ハ營造物ヲ使用スル權利ニ關シ異議アル者ハ之ヲ町村長ニ申立ツルコトヲ得

前二項ノ異議ノ申立アリタルトキハ町村長ハ七日以內ニ之ヲ町村會ノ決定ニ付スヘシ決定ヲ受ケタル者其ノ決定ニ不服アルトキハ府縣參事會ニ訴願シ其

ノ裁決又ハ第五項ノ裁決ニ不服アルトキハ行政裁判所ニ出訴スルコトヲ得

（大正十五年法律第七十五號本項改正）

第一項及前項ノ規定ハ使用料手數料及加入金ノ徴收竝夫役現品ノ賦課ニ關シ之ヲ準用ス

前二項ノ規定ニ依ル決定及裁決ニ付テハ町村長ヨリモ訴願又ハ訴訟ヲ提起スルコトヲ得

前三項ノ規定ニ依ル裁決ニ付テハ府縣知事ヨリモ訴訟ヲ提起スルコトヲ得

【講義】 本條は町村税の賦課、財產又は營造物の使用、使用料手數料加入金の徴收竝夫役現品の賦課に關して、違法又は錯誤のありたる時に、異議を申立つる事を得る規定である。

第百十一條　町村税、使用料、手數料、加入金、過料、過怠金其ノ他ノ町村ノ收入ヲ定期內ニ納メサル者アルトキハ町村長ハ期限ヲ指定シテ之ヲ督促スヘ

シ
夫役現品ノ賦課ヲ受ケタル者定期內ニ其ノ履行ヲ爲サス又ハ夫役現品ニ代フル金錢ヲ納メサルトキハ町村長ハ期限ヲ指定シテ之ヲ督促スヘシ急迫ノ場合ニ賦課シタル夫役ニ付テハ更ニ之ヲ金額ニ算出シ期限ヲ指定シテ其ノ納付ヲ命スヘシ
前二項ノ場合ニ於テハ町村條例ノ定ムル所ニ依リ手數料ヲ徵收スルコトヲ得
滯納者第一項又ハ第二項ノ督促又ハ命令ヲ受ケ其ノ指定ノ期限內ニ之ヲ完納セサルトキハ國稅滯納處分ノ例ニ依リ之ヲ處分スヘシ
第一項乃至第三項ノ徵收金ハ府縣ノ徵收金ニ次テ先取特權ヲ有シ其ノ追徵還付及時效ニ付テハ國稅ノ例ニ依ル
前三項ノ處分ニ不服アル者ハ府縣參事會ニ訴願シ其ノ裁決ニ不服アルトキハ行政裁判所ニ出訴スルコトヲ得

前項ノ裁決ニ付テハ府縣知事又ハ町村長ヨリモ訴訟ヲ提起スルコトヲ得
第四項ノ處分中差押物件ノ公賣ハ處分ノ確定ニ至ル迄執行ヲ停止ス
【講義】 本條は町村稅、使用料、手數料、加入金、過料、過怠金其の他の町村の收入及夫役現品の賦課徵收を、定期內に納めざる者に對する强制に關する規定である。

第百十二條 町村ハ其ノ負債ヲ償還スル爲、町村ノ永久ノ利益ト爲ルヘキ支出ヲ爲ス爲又ハ天災事變等ノ爲必要アル場合ニ限リ町村債ヲ起スコトヲ得
町村債ヲ起スニ付町村會ノ議決ヲ經ルトキハ併セテ起債ノ方法、利息ノ定率及償還ノ方法ニ付議決ヲ經ヘシ
町村ハ豫算內ノ支出ヲ爲ス爲一時ノ借入金ヲ爲スコトヲ得
前項ノ借入金ハ其ノ會計年度內ノ收入ヲ以テ償還スヘシ
【講義】 本條は町村の起債及一時借入金に關する規定である。

第二款　歳入出豫算及決算

本款は町村の歳入出の豫算及決算に關する總てを規定してある。

第百十三條　町村長ハ毎會計年度歳入出豫算ヲ調製シ遲クトモ年度開始ノ一月前ニ町村會ノ議決ヲ經ヘシ

町村ノ會計年度ハ政府ノ會計年度ニ依ル豫算ヲ町村會ニ提出スルトキハ町村長ハ併セテ事務報告書及財産表ヲ提出スヘシ

【講義】本條は町村の豫算調製に關する規定である。

第百十四條　町村長ハ町村會ノ議決ヲ經テ既定豫算ノ追加又ハ更正ヲナスコトヲ得

【講義】本條は町村會の議決を經たる既定豫算の追加又は更正に關する規定である。

第百十五條　町村費ヲ以テ支辨スル事件ニシテ數年ヲ期シテ其ノ費用ヲ支出スヘキモノハ町村會ノ議決ヲ經テ其ノ年期間各年度ノ支出額ヲ定メ繼續費ト爲スコトヲ得

【講義】本條は町村費を以て支辨する事件の費用を繼續費に爲すことに關する規定である。

第百十六條　町村ハ豫算外ノ支出又ハ豫算超過ノ支出ニ充ツル爲豫備費ヲ設クヘシ

特別會計ニハ豫備費ヲ設ケサルコトヲ得（大正十年法律第五十九號ヲ以テ本項追加）

豫備費ハ町村會ノ否決シタル費途ニ充ツルコトヲ得ス

【講義】本條は豫備費に關する規定である。

第百十七條　豫算ハ議決ヲ經タル後直ニ之ヲ府縣知事ニ報告シ且其ノ要領ヲ告示スヘシ（大正十五年法律第七十五號本項改正）

【講義】本條は豫算の報告及告示に關する規定である。

第百十八條　町村ハ特別會計ヲ設クルコトヲ得

【講義】本條は町村の特別會計に關する規定である。

第百十九條　町村會ニ於テ豫算ヲ議決シタルトキハ町村長ヨリ其ノ謄本ヲ收入役ニ交付スヘシ

收入役ハ町村長又ハ監督官廳ノ命令アルニ非サレハ支拂ヲ爲スコトヲ得ス命令ヲ受クルモ支出ノ豫算ナク且豫備費支出、費目流用其ノ他財務ニ關スル規定ニ依リ支出ヲ爲スコトヲ得サルトキ亦同シ

前二項ノ規定ハ收入役ノ事務ヲ兼掌シタル町村長又ハ助役ニ之ヲ準用ス

【講義】本條は町村會の豫算を議決の謄本を收入役に交付し、收入役に於て支拂を爲す場合を規定したのである。

第百二十條　町村ノ支拂金ニ關スル時效ニ付テハ政府ノ支拂金ノ例ニ依ル

【講義】　本條は町村の支拂に關する規定である。

第百二十一條　町村ノ出納ハ每月例日ヲ定メテ之ヲ檢査シ且每會計年度少クトモ二回臨時檢査ヲ爲スヘシ

檢査ハ町村長之ヲ爲シ臨時檢査ニハ町村會ニ於テ選擧シタル議員二人以上ノ立會ヲ要ス

【講義】　本條は町村の出納檢査、會計の臨時檢査に關する規定である。

第百二十二條　町村ノ出納ハ翌年度五月三十一日ヲ以テ閉鎖ス

決算ハ出納閉鎖後一月以內ニ證書類ヲ併セテ收入役ヨリ之ヲ町村長ニ提出スヘシ町村長ハ之ヲ審査シ意見ヲ付シテ次ノ通常豫算ヲ議スル會議迄ニ之ヲ町村會ノ認定ニ付スヘシ

第六十七條第五項ノ場合ニ於テハ前項ノ例ニ依ル但シ町村長ニ於テ兼掌シタルトキハ直ニ町村會ノ認定ニ付スヘシ

決算ハ其ノ認定ニ關スル町村會ノ議決ト共ニ之ヲ府縣知事ニ報告シ且其ノ要領ヲ告示スヘシ
決算ノ認定ニ關スル會議ニ於テハ町村長及助役共ニ議長ノ職務ヲ行フコトヲ得ス

【講義】本條は町村の出納及決算の閉鎖に關する規定である。

第百二十三條　豫算調製ノ式、費目流用其ノ他財務ニ關シ必要ナル規定ハ内務大臣之ヲ定ム

【講義】本條は町村の豫算調製、費目流用其他の財務の設定權は内務大臣に委任する事の規定である。

第六章　町村ノ一部ノ事務

本章は町村の一部の事務に關する規定である。

第百二十四條　町村ノ一部ニシテ財産ヲ有シ又ハ營造物ヲ設ケタルモノアルトキハ其ノ財産又ハ營造物ノ管理及處分ニ付テハ本法中町村ノ財産又ハ營造物ニ關スル規定ニ依ル但シ法律勅令中別段ノ規定アル場合ハ此ノ限ニ在ラス

前項ノ財産又ハ營造物ニ關シ特ニ要スル費用ハ其ノ財産又ハ營造物ノ屬スル町村ノ一部ノ負擔トス

前二項ノ場合ニ於テ町村ノ一部ハ其ノ會計ヲ分別スヘシ

【講義】本條は町村の一部の財産、及一部の營造物の管理と處分とに關する規定である。

第百二十五條　前條ノ財産又ハ營造物ニ關シ必要アリト認ムルトキハ府縣知事ハ町村會ノ意見ヲ徵シテ町村條例ヲ設定シ區會又ハ區總會ヲ設ケテ町村會ノ議決スヘキ事項ヲ議決セシムルコトヲ得

【講義】本條は區會又は區總會の設置に關する規定である。

第百二十六條　區會議員ハ町村ノ名譽職トス其ノ定數、任期、選擧權及被選擧權ニ關スル事項ハ前條ノ町村條例中ニ之ヲ規定スヘシ區總會ノ組織ニ關スル事項ニ付亦同シ

區會議員ノ選擧ニ付テハ町村會議員ニ關スル規定ヲ準用ス但シ選擧若ハ當選ノ效力ニ關スル異議ノ決定及被選擧權ノ有無ノ決定ハ町村會ニ於テ之ヲ爲スヘシ(昭和四年法律第五十七號ヲ以テ本項改正)

區會又ハ區總會ニ關シテハ町村會ニ關スル規定ヲ準用ス

【講義】本條は町村の區會議員は名譽職たる事區會議員の選擧及區會議員の職務權限を規定したのである。

第百二十七條　第百二十四條ノ場合ニ於テ町村ノ一部府縣知事ノ處分ニ不服アルトキハ内務大臣ニ訴願スルコトヲ得

【講義】本條は町村の一部府縣知事の處分に不服あるとき内務大臣に訴願す

る事を得る規定である。

第百二十八條　第百二十四條ノ町村ノ一部ノ事務ニ關シテハ本法ニ規定スルモノノ外勅令ヲ以テ之ヲ定ム

【講義】　本條は町村の一部の事務に關する規定を勅令を以て定むる規定である。

第七章　町村組合

本章は町村組合に關して規定したのである。

第百二十九條　町村ハ其ノ事務ノ一部ヲ共同處理スル爲其ノ協議ニ依リ府縣知事ノ許可ヲ得テ町村組合ヲ設クルコトヲ得

此ノ場合ニ於テ組合內各町村ノ町村會又ハ町村吏員ノ職務ニ屬スル事項ナキニ至リタルトキハ其ノ町村會又ハ町村吏員ハ組合成立ト同時ニ消滅ス

町村ハ特別ノ必要アル場合ニ於テハ其ノ協議ニ依リ府縣知事ノ許可ヲ得テ其ノ事務ノ全部ヲ共同處理スル爲町村組合ヲ設クルコトヲ得

此ノ場合ニ於テハ組合内各町村ノ町村會及町村吏員ハ組合成立ト同時ニ消滅ス

公益上必要アル場合ニ於テハ府縣知事ハ關係アル町村會ノ意見ヲ徵シ府縣參事會ノ議決ヲ經テ前二項ノ町村組合ヲ設クルコトヲ得(大正十五年法律第七十五號本項改正)

町村組合ハ法人トス

【講義】 本條は町村組合の種類と設置及其の性質に關する規定である。

第百三十條　前條第一項ノ町村組合ニシテ其ノ組合町村ノ數ヲ增減シ又ハ共同事務ノ變更ヲ爲サムトスルトキハ關係町村ノ協議ニ依リ府縣知事ノ許可ヲ受クヘシ

前條第二項ノ町村組合ニシテ其ノ組合町村ノ數ヲ減少セムトスルトキハ組合會ノ議決ニ依リ其ノ組合町村ノ數ヲ增加セムトスルトキハ其ノ町村組合ト新ニ加ハラムトスル町村トノ協議ニ依リ府縣知事ノ許可ヲ受クヘシ

公益上必要アル場合ニ於テハ府縣知事ハ關係アル町村會又ハ組合會ノ意見ヲ徵シ府縣參事會ノ議決ヲ經組合町村ノ數ヲ增減シ又ハ一部事務ノ爲設クル組合ノ共同事務ノ變更ヲ爲スコトヲ得（大正十五年法律第七十五號ヲ以テ本項追加）

【講義】　本條は町村組合の町村數の增減及一部事務の爲設くる組合の共同事務の變更に關する規定である。

第百三十一條　町村組合ヲ設クルトキハ關係町村ノ協議ニ依リ組合規約ヲ定メ府縣知事ノ許可ヲ受クヘシ

組合規約ヲ變更セムトスルトキハ一部事務ノ爲ニ設クル組合ニ在リテハ關係町村ノ協議ニ依リ全部事務ノ爲ニ設クル組合ニ在リテハ組合會ノ議決ヲ經府

縣知事ノ許可ヲ受クヘシ
公益上必要アル場合ニ於テハ府縣知事ハ關係アル町村會又ハ組合會ノ意見ヲ徴シ府縣參事會ノ議決ヲ經テ組合規約ヲ定メ又ハ變更スルコトヲ得（大正十五年法律第七十五號本項改正）
【講義】 本條は町村組合の組合規約の設置及變更に關する規定である。
第百三十二條 組合規約ニハ組合名稱、組合ヲ組織スル町村、組合ノ共同事務及組合役場ノ位置ヲ定ムヘシ
一部事務ノ爲ニ設クル組合ノ組合規約ニハ前項ノ外組合會ノ組織及組合會議員ノ選擧組合吏員ノ組織及選任竝組合費用ノ支辨方法ニ付規定ヲ設クヘシ
【講義】 本條は町村組合の規約に關する事を規定したのである。
第百三十三條 町村組合ヲ解カムトスルトキハ一部事務ノ爲ニ設クル組合ニ於テハ關係町村ノ協議ニ依リ全部事務ノ爲ニ設クル組合ニ於テハ組合會ノ議決

ニ依リ府縣知事ノ許可ヲ受クヘシ
公益上必要アル場合ニ於テハ府縣知事ハ關係アル町村會又ハ組合會ノ意見ヲ徴シ府縣參事會ノ議決ヲ經テ町村組合ヲ解クコトヲ得(大正十五年法律第七十五號改正)
【講義】　本條は町村組合を解く事に關する規定である。
第百三十四條　第百三十條第一項第二項及前條第一項ノ場合ニ於テ財產ノ處分ニ關スル事項ハ關係町村ノ協議　關係町村ト組合トノ協議又ハ組合會ノ議決ニ依リ之ヲ定ム(大正十五年法律第七十五號改正)
第百三十條第三項及前條第二項ノ場合ニ於テ財產ノ處分ニ關スル事項ハ關係アル町村會又ハ組合會ノ意見ヲ徴シ府縣參事會ノ議決ヲ經テ府縣知事之ヲ定ム(大正十五年法律第七十五號改正)
【講義】　本條は町村組合を財產の處分に關する事項を規定したのである。
第百三十五條　第百二十九條第一項及第二項第百三十條第一項及第二項第百三

十一條第一項及第二項第百三十三條第一項竝前條第二項ノ規定ニ依ル府縣知事ノ處分ニ不服アル町村又ハ町村組合ハ內務大臣ニ訴願スルコトヲ得

組合費ノ分賦ニ關シ違法又ハ錯誤アリト認ムル町村ハ其ノ告知アリタル日ヨリ三月以內ニ組合ノ管理者ニ異議ノ申立ヲ爲スコトヲ得

前項ノ異議ノ申立アリタルトキハ組合ノ管理者ハ七日以內ニ之ヲ組合會ノ決定ニ付スヘシ其ノ決定ニ不服アル町村ハ府縣參事會ニ訴願シ其ノ裁決又ハ第四項ノ裁決ニ不服アルトキハ行政裁判所ニ出訴スルコトヲ得（大正十五年法律第七十五號改正）

前項ノ決定及裁決ニ付テハ組合ノ管理者ヨリモ訴願又ハ訴訟ヲ提起スルコトヲ得

前二項ノ裁決ニ付テハ府縣知事ヨリモ訴訟ヲ提起スルコトヲ得

【講義】　本條は第百二十八條第一項第百三十條第一項第二項第二項第百三十

一條第一項第二項百三十三條第一項等に規定ある府縣知事の處分に不服ある時町村又は町村組合の救濟に關する規定である。

第百三十六條　町村組合ニ關シテハ法律勅令中別段ノ規定アル場合ヲ除クノ外町村ニ關スル規定ヲ準用ス

【講義】本條は町村組合に關しては町村に關する規定を準用すべき事を規定したのである。

第八章　町村ノ監督

本章は町村の監督に關する規定である。

第百三十七條　町村ハ第一次ニ於テ府縣知事之ヲ監督シ第二次ニ於テ內務大臣之ヲ監督ス（大正十五年法律第七十五號改正）

【講義】本條は町村の監督に關する規定である。

第百三十八條　本法中別段ノ規定アル場合ヲ除クノ外町村ノ監督ニ關スル府縣知事ノ處分ニ不服アル町村ハ內務大臣ニ訴願スルコトヲ得

【講義】本條は町村の監督に關する府縣知事の處分に不服ある町村の訴願を爲し得る事を規定したのである。

第百三十九條　本法中行政裁判所ニ出訴スルコトヲ得ヘキ場合ニ於テハ內務大臣ニ訴願スルコトヲ得ス

【講義】本條は行政裁判所に出訴することを得べき場合は內務大臣に訴願することが出來ぬ規定である。

第百四十條　異議ノ申立又ハ訴願ノ提起ハ處分決定又ハ裁決アリタル日ヨリ二十一日以內ニ之ヲ爲スヘシ但シ本法中別ニ期間ヲ定メタルモノハ此ノ限ニ在ラス

行政訴訟ノ提起ハ處分決定裁定又ハ裁決アリタル日ヨリ三十日以內ニ之ヲ爲

スヘシ

決定書又ハ裁決書ノ交付ヲ受ケサル者ニ關シテハ前二項ノ期間ハ告示ノ日ヨリ之ヲ起算ス(大正十五年法律第七十五號本項追加)

異議ノ申立ニ關スル期間ノ計算ニ付テハ訴訟法ノ規定ニ依ル(同上以下順位繰下ケ)

異議ノ申立ハ期限經過後ニ於テモ宥恕スヘキ事由アリト認ムルトキハ仍之ヲ受理スルコトヲ得

異議ノ決定ハ文書ヲ以テ之ヲ爲シ其ノ理由ヲ附シ之ヲ申立人ニ交付スヘシ

異議ノ申立アルモ處分ノ執行ハ之ヲ停止セス但シ行政廳ハ其ノ職權ニ依リ又ハ關係者ノ請求ニ依リ必要ト認ムルトキハ之ヲ停止スルコトヲ得

第百四十條ノ二　異議ノ決定ハ本法中別ニ期間ヲ定メタルモノヲ除クノ外其ノ決定ニ付セラレタル日ヨリ三月以内ニ之ヲ爲スヘシ(大正十五年法律第七十五號ヲ以テ本條追加)

府縣參事會訴願ヲ受理シタルトキハ其ノ日ヨリ三月以內ニ之ヲ裁決スヘシ

【講義】本條は異議の申立、訴訟を提起する期間、異議の決定に關する事を規定したのである。

第百四十一條　監督官廳ハ町村ノ監督上必要アル場合ニ於テハ事務ノ報告ヲ爲サシメ、書類帳簿ヲ徵シ及實地ニ就キ事務ヲ視察シ又ハ出納ヲ檢閱スルコトヲ得

監督官廳ハ町村ノ監督上必要ナル命令ヲ發シ又ハ處分ヲ爲スコトヲ得

上級監督官廳ハ下級監督官廳ノ町村ノ監督ニ關シテ爲シタル處分ヲ停止シ又ハ取消スコトヲ得

【講義】本條は町村の監督權、命令權に關する規定である。

第百四十二條　內務大臣ハ町村會ノ解散ヲ命スルコトヲ得

町會解散ノ場合ニ於テハ三月以內ニ議員ヲ選擧スヘシ

【講義】　本條は內務大臣が町村會の解散を命ずる事を得る規定である。

第百四十三條　町村ニ於テ法令ニ依リ負擔シ又ハ當該官廳ノ職權ニ依リ命スル費用ヲ豫算ニ載セサルトキハ府縣知事ハ理由ヲ示シテ其ノ費用ヲ豫算ニ加フルコトヲ得（大正十五年法律第七十五號改正）

町村長其ノ他ノ吏員執行スヘキ事件ヲ執行セサルトキハ府縣知事又ハ其ノ委任ヲ受ケタル官吏吏員之ヲ執行スルコトヲ得但シ其ノ費用ハ町村ノ負擔トス（同上）

前二項ノ處分ニ不服アル町村又ハ町村長其ノ他ノ吏員ハ行政裁判所ニ出訴スルコトヲ得（大正十五年法律第七十五號改正）

【講義】　本條は町村に對する强制豫算に關する規定である。

第百四十四條　町村長、助役、收入役又ハ副收入役ニ故障アルトキハ監督官廳ハ臨時代理者ヲ選任シ又ハ官吏ヲ派遣シ其ノ職務ヲ管掌セシムルコトヲ得但

シ官吏ヲ派遣シタル場合ニ於テハ其ノ旅費ハ町村費ヲ以テ辨償セシムヘシ
臨時代理若ハ有給ノ町村吏員トシ其ノ給料額旅費等ハ監督官廳之ヲ定ム
【講義】 本條は町村長、助役、收入役又は副收入役に故障ある時、行政監督上代理者をして事務を管掌ぜしむるのである此場合に於ては旅費及び給料を町村の費用を以て支出するのであつて給料額は監督官廳にて定めるのである。

第百四十五條 削除(昭和四年法律第五十七號)

第百四十六條 削除(昭和四年法律第五十七號)

第百四十七條 左ニ掲クル事件ハ府縣知事ノ許可ヲ受クヘシ但シ第一號第四號第六號及第十一號ニ掲クル事件ニシテ勅令ヲ以テ指定スルモノハ其ノ定ムル所ニ依リ主務大臣ノ許可ヲ受クヘシ(昭和四年法律第五十七號ヲ以テ本條改正)

一 町村條例ヲ設ケ又ハ改廢スルコト

二　基本財産及特別基本財産竝ニ林野ノ處分ニ關スルコト
三　第九十條ノ規定ニ依リ舊慣ヲ變更シ又ハ廢止スルコト
四　使用料ヲ新設シ又ハ變更スルコト
五　均一ノ税率ニ依ラスシテ國税又ハ府縣税ノ附加税ヲ賦課スル事
六　特別税ヲ新設シ又ハ變更スル事
七　第百二條第一項第二項及第四項ノ規定ニ依リ數人又ハ町村ノ一部ニ費用ヲ負擔セシムル事
八　第百四條ノ規定ニ依リ不均一ノ賦課ヲ爲シ又ハ數人若ハ町村ノ一部ニ對シ賦課ヲ爲スコト
九　第百五條ノ準率ニ依ラスシヲ夫役現品ヲ賦課スル事但シ急迫ノ場合ニ賦課スル夫役ニ付テハ此ノ限リニ在ラス
十　繼續費ヲ定メ又ハ變更スル事

十一　町村債ヲ起シ並ニ起債ノ方法、利息ノ定率及償還ノ方法ヲ定メ又ハ之ヲ變更スルコト但シ第百十二條第三項ノ借入金ハ此ノ限リニ在ラス

第百四十八條　監督官廳ノ許可ヲ要スル事件ニ付テハ監督官廳ハ許可申請ノ趣旨ニ反セスト認ムル範圍內ニ於テ更正シテ許可ヲ與フルコトヲ得

【講義】本條は監督官廳の許可を要する事件に付ては、監督官廳は更正して許可を與ふることを得る規定である。

第百四十九條　監督官廳ノ許可ヲ要スル事件ニ付テハ勅令ノ定ムル所ニ依リ其ノ許可ノ職權ヲ下級監督官廳ニ委任シ又ハ簡易ナル事件ニ限リ許可ヲ受ケシメサルコトヲ得

【講義】本條は監督官廳の許可の職權を規定したのである。

第百五十條　府縣知事ハ町村長、助役、收入役、副收入役、區長、區長代理者委員其ノ他ノ町村吏員ニ對シ懲戒ヲ行フコトヲ得其ノ懲戒處分ハ譴責、二十

五圓以下ノ過怠金及解職トス但シ町村長、助役收入役及副收入役ニ對スル解職ハ懲戒審査會ノ議決ヲ經テ府縣知事之ヲ行フ(大正十五年法律第七十五號ヲ以テ本項改正)

懲戒審査會ハ内務大臣ノ命シタル府縣高等官三人及府縣名譽職參事會員ニ於テ互選シタル者三人ヲ以テ其ノ會員トシ府縣知事ヲ以テ會長トス知事故障アルトキハ其ノ代理者會長ノ職務ヲ行フ

府縣名譽職參事會員ノ互選スヘキ會員ノ選擧補闕及任期竝懲戒審査會ノ招集及會議ニ付テハ府縣制中名譽職參事會員及府縣參事會ニ關スル規定ヲ準用ス但シ補充會員ハ之ヲ設クルノ限リニ在ラス

解職ノ處分ヲ受ケタル者其ノ處分ニ不服アルトキハ内務大臣ニ訴願スルコトヲ得(大正十五年法律條七十五號ヲ以テ本項改正)

府縣知事ハ町村長、助役、收入役及副收入役ノ解職ヲ行ハムトスル前其ノ停職ヲ命スルコトヲ得此場合ニ於テハ其停職期間報酬又ハ給料ヲ支給スルコト

ヲ得ス

懲戒ニ依リ解職セラレタル者ハ二年間北海道府縣、市町村其ノ他之ニ準スヘキモノノ公職ニ就クコトヲ得ス(昭和四年法律第五十七號ヲ以テ本項改正)

【講義】本條は町村吏員に對する懲戒に關する規定である。

第百五十一條　町村吏員ノ服務規律、賠償責任、身元保證及事務引繼ニ關スル規定ハ命令ヲ以テ之ヲ定ム

前項ノ命令ニハ事務引繼ヲ拒ミタル者ニ對シ二十五圓以下ノ過料ヲ科スル規定ヲ設クルコトヲ得

【講義】本條は町村吏員の服務紀律、賠償責任、身元保證等に關する規定は命令を以て定むる事を規定したのである。

第九章　雜　則

第百五十二條　削除（大正十五年法律第七十五號）

第百五十三條　府縣知事又ハ府縣參事會ノ職權ニ屬スル事件ニシテ府縣ニ涉ルモノアルトキハ內務大臣ハ關係府縣知事ノ具狀ニ依リ其ノ事件ヲ管理スヘキ府縣知事又ハ府縣參事會ヲ指定スヘシ

【講義】本條は府縣知事又は府縣參車會の職權に屬する事件にして數府縣に涉るときは、內務大臣は其の事件を管理すべき府縣知事又は府縣參事會を指定する事を規定したのである。

第百五十四條　第十一條ノ人口ハ內務大臣ノ定ムル所ニ依ル

【講義】第十一條の人口は內務大臣が定めると云ふのは國勢調査其の他或時期に於て人口調査した其調査に依つて定めるのであるから必らずし

も現在と同數ではないのである然し餘りに相違あるときは選擧の時には府縣知事の許可を得て議員の定數を増減する事があるのである

第百五十五條　本法ニ於ケル直接稅及間接稅ノ種類ハ内務大臣及大藏大臣之ヲ定ム

第百五十六條　町村又ハ町村組合ノ廢置分合又ハ境界變更アリタル場合ニ於テ町村ノ事務ニ付必要ナル事項ハ本法ニ規定スルモノノ外勅令ヲ以テ之ヲ定ム

第百五十六條ノ二　本法中官吏ニ關スル規定ハ待遇官吏ニ之ヲ適用ス（大正十五年法律第七十四號追加）

第百五十七條　本法ハ北海道其ノ他勅令ヲ以テ指定スル島嶼ニ之ヲ施行セス

前項ノ地域ニ付テハ勅令ヲ以テ別ニ本法ニ代ハルヘキ制ヲ定ムルコトヲ得（大正十年法律第五十九號ヲ以テ本項中改正）

【講義】　第百五十六條は町村又は町村組合の分合又は境界變更に就ての規定

である。

第百五十七條は北海道其他勅令を以て指定する島嶼には之を施行せざる事を規定したのである。

附　則

第百五十八條　本法施行ノ期日ハ勅令ヲ以テ之ヲ定ム（明治四十四年勅令第二百三十八號ヲ以テ同年十月一日ヨリ之ヲ施行ス）

第百五十九條　本法施行ノ際現ニ町村會議員區會議員、又ハ全部事務ノ爲ニ設クル町村組合會議員ノ職ニ在ル者ハ從前ノ規定ニ依ル最近ノ定期改選期ニ於テ總テ其ノ職ヲ失フ

第百六十條　舊刑法ノ重罪ノ刑ニ處セラレタル者ハ本法ノ選用ニ付テハ六年ノ懲役又ハ禁錮以上ノ刑ニ處セラレタル者ト看做ス但シ復權ヲ得タル者ハ此ノ限ニ在ラス

舊刑法ノ禁錮以上ノ刑ハ本法ノ適用ニ付テハ禁錮以上ノ刑ト看做ス

第百六十一條　本法施行ノ際必要ナル規定ハ命令ヲ以テ定ムヘシ

附　則（大正十年法律第五十九號）

本法中公民權及選擧ニ關スル規定ハ次ノ總選擧ヨリ之ヲ施行シ其ノ他ノ定規ノ施行ノ期日ハ勅令ヲ以テ之ヲ定ム（大正十年勅令第百八十九號ヲ以テ公民權及選擧ニ關スル規定ヲ除クノ外大正十年五月二十日ヨリ之ヲ施行ス）

附　則（大正十五年六月法律第七十五號）

本法中公民權及議員選擧ニ關スル規定ハ次ノ總選擧ヨリ之ヲ施行シ其ノ他ノ規定ノ施行ノ期日ハ勅令ヲ以テ之ヲ定ム（大正十五年勅令二百八號ヲ以テ公民權及ヒ議員選擧ニ關スル規定ヲ除ク外大正十五年七月一日ヨリ施行ス）

第三十八條ノ規定ニ依リ町村會ヲ設ケサル町村ニ付テハ本法ノ施行ノ期日ハ勅令ヲ以テ之ヲ定ム（同上）

次ノ總選擧ニ至ル迄ノ間從前ノ第十四條、第十七條、第十八條、第三十一條、第三十三條及第三十六條ノ規定ニ依リ難キ事項ニ付テハ勅令ヲ以テ特別ノ規定ヲ設クルコトヲ得（大正十五年勅令第二百九號）

本法ニ依リ初メテ議員ヲ選擧スル場合ニ於テ必要ナル選擧人名簿ニ關シ第十八條乃至第十八條ノ五ニ規定スル期日又ハ期間ニ依リ難キトキハ命令ヲ以テ別ニ其ノ期日又ハ期間ヲ定ム但シ其ノ選擧人名簿ハ次ノ選擧人名簿確定迄其ノ效力ヲ有ス

本法施行ノ際大正十四年法律第四十七號衆議院議員選擧法未タ施行セサル場合ニ於テハ本法ノ適用ニ付テハ同法ハ既ニ施行セラレタルモノト看做ス

本法施行ノ際必要ナル規定ハ命令ヲ以テ之ヲ定ム

附　則（昭和四年四月法律第五十七號）

本法施行ノ期日ハ勅令ヲ以テ之ヲ定ム（昭和四年六月勅令第百八十五號ヲ以テ

同年七月一日ヨリ施行ス

本法施行ノ際必要ナル規定ハ命令ヲ以テ之ヲ定ム

附　則（昭和四年四月法律第五十六號）

本法施行ノ期日ハ勅令ヲ以テ之ヲ定ム（昭和四年七月一日ヨリ之ヲ施行ス）

市制町村制施行令

（大正十五年六月二十四日勅令第二百一號）

第一章　總則

（昭和二年勅令第三十八號　昭和三年勅令第二百六十號昭和四年勅令第百八十六號）

第一條　市町村ノ設置アリタル場合ニ於テハ市町村長ノ臨時代理者又ハ職務管掌ノ官吏ハ歳入歳出豫算カ市町村會ノ議決ヲ經テ成立スルニ至ル迄ノ間必要ナル收支ニ付豫算ヲ設ケ府縣知事ノ許可ヲ受クヘシ

第二條　市町村ノ設置アリタル場合ニ於テハ府縣知事ハ必要ナル事項ニ付市町村條例ノ設置施行セラルルニ至ル迄ノ間從來其ノ地域ニ施行セラレタル市町村條例ヲ市町村ノ條例トシテ當該地域ニ引續キ施行スルコトヲ得

第三條　市町村ノ廢置分合アリタル場合ニ於テハ其ノ地域ノ新ニ屬シタル市町村其ノ事務ヲ承繼ス、其ノ地域ニ依リ難キトキハ府縣知事ハ事務ノ分界ヲ定

メ又ハ繼承スヘキ市町村ヲ指定ス

前項ノ場合ニ於テ消滅シタル市町村ノ收支ハ消滅ノ日ヲ以テ打切リ其ノ市町村長(又ハ市町村長ノ職務ヲ行フ者)タリシ者之ヲ決算ス

前項ノ決算ハ事務ヲ承繼シタル各市町村ノ市町村長之ヲ市町村會ノ認定ニ付スヘシ

市制第百四十二條第三項又ハ町村制第二十二條第四項ノ規定ハ前項ノ場合ニ之ヲ準用ス

第四條　市町村ノ境界變更アリタル爲事務ノ分割ヲ要スルトキハ其ノ事務ノ承繼ニ付テハ府縣知事之ヲ定ム

第五條　市制第八十二條第三項ノ市ニ於テ新ニ區ヲ劃シ又ハ其ノ區域ヲ變更セムトスルトキハ市ハ內務大臣ノ許可ヲ受クヘシ但シ耕地整理若ハ區劃整理ノ爲區ノ區域ヲ變更セムトスルトキ又ハ第六十條第一號若ハ第二號ノ場合ニ於

テ區ノ區域ヲ變更セムトスルトキハ此ノ限ニ在ラス（昭和四年六月勅令第百八十六號但書追加）

第六條　市制第十一條及町村制第九條ノ規定ニ依リ除外スヘキ學生生徒左ノ如シ

一　陸軍各部依託學生生徒

二　海軍軍醫學生、藥劑學生、主計學生、造船學生、造機學生並海軍豫備生徒及海軍豫備練習生

第二章　市町村會議員ノ選擧

第七條　市制第二十一條ノ五第三項又ハ町村制第十八條ノ五第三項ノ規定ニ依リ選擧人名簿ノ調製、縱覽、確定及異議ノ決定ニ關スル期日及期間ヲ定メタルトキハ府縣知事ハ直ニ之ヲ告示スヘシ（昭和四年六月第百八十六號改正）

第八條　市町村ノ境界變更アリタル場合ニ於テハ市町村長ハ選擧人名簿ヲ分割シ其ノ部分ヲ其ノ地域ノ新ニ屬シタル市町村ノ市町村長ニ送付スヘシ
市町村ノ廢置分合アリタル場合ニ於テ名簿ノ分割ヲ以テ足ルトキハ前項ノ例ニ依リ其ノ他ノ場合ニ於テハ從前ノ市町村ノ市町村長（又ハ市町村長ノ職務ヲ行フ者）タリシ者ハ直ニ其ノ地域ノ新ニ屬シタル市町村ノ市町村長ニ選擧人名簿ヲ送付スヘシ
市町村長選擧人名簿ノ送付ヲ受ケタルトキハ直ニ其ノ旨ヲ告示シ併セテ之ヲ府縣知事ニ報告スヘシ

第九條　前條ノ規定ニ依リ送付ヲ受ケタル選擧人名簿ハ市町村ノ廢置分合又ハ境界變更ニ依ル新ニ屬シタル市町村ノ選擧人名簿ト看做ス

第十條　第八條ノ規定ニ依リ送付ヲ受ケタル選擧人名簿確定前ナルトキハ名簿ノ縱覽、確定及異議ノ決定ニ關スル期日及期間ハ府縣知事ノ定ムル所ニ依ル

（昭和四年六月勅令第百八十六號改正）

前項ノ規定ニ依リ期日及期間ヲ定メタルトキハ府縣知事ハ直ニ之ヲ告示スヘシ

第十一條　市制第二十五條第六項又ハ町村制第二十二條第六項ノ規定ニ依リ盲人カ投票ニ關スル記載ニ使用スルコトヲ得ル點字ハ別表ヲ以テ之ヲ定ム

點字ニ依リ投票ヲ爲サントスル選擧人ハ選擧長又投票分會長ニ對シ其ノ旨ヲ申出ツヘシ、此ノ場合ニ於テハ選擧長又ハ投票分會長ハ投票用紙ニ點字投票ナル旨ノ印ヲ押捺シテ交付スヘシ

點字ニ依ル投票ノ拒否ニ付テハ市制第二十五條ノ三又ハ町村制第二十二條ノ三ノ例ニ依ル、此ノ場合ニ於テハ封筒ニ點字投票ナル旨ノ印ヲ押捺シテ交付スヘシ

前項ノ規定ニ依リ假ニ爲サシメタル投票ハ市制第二十七條ノ二第二項及第三

項又ハ町村制第二十四條ノ二第二項及第三項ノ規定ノ適用ニ付テハ市制第二十五條ノ三第二項及第四項又ハ町村制第二十二條ノ三第二項及第四項ノ投票ト看做ス

第十二條　市制第二十七條ノ四又ハ町村制第二十四條ノ四ノ規定ニ依リ開票分會ヲ設ケタルトキハ市町村長ハ直ニ其ノ區劃及開票分會場ヲ告示スヘシ

第十三條　開票分會ハ市町村長ノ指名シタル吏員開票分會長ト爲リ之ヲ開閉シ其ノ取締ニ任ス

第十四條　開票分會ノ區劃內ノ投票分會ニ於テ爲シタル投票ハ投票分會長少クトモ一人ノ投票立會人ト共ニ投票函ノ儘投票錄及選擧人名簿ノ抄本（又ハ選擧人名簿）ト倂セテ之ヲ開票分會長ニ送致スヘシ（昭和四年六月勅令第百八十五號改正）

第十五條　投票ノ點檢終リタルトキハ開票分會長ハ直ニ其ノ結果ヲ選擧長ニ報告スヘシ

第十六條　開票分會長ハ開票錄ヲ作リ開票ニ關スル顚末ヲ記載シ之ヲ朗讀シ二人以上ノ開票立會人ト共ニ之ヲ署名シ直ニ投票錄及投票ト併セテ之ヲ選擧長ニ送致スヘシ

第十七條　選擧長ハ總テノ開票分會長ヨリ第十五條ノ報告ヲ受ケタル日若ハ其ノ翌日(又ハ總テノ投票函ノ送致ヲ受ケタル日若ハ其ノ翌日)選擧會ニ於テ選擧立會人立會ノ上其ノ報告ヲ調査シ市制第二十七條ノ二第三項又ハ町村制第二十四條ノ二第三項ノ規定ニ依リ爲シタル點檢ノ結果ト併セテ各被選擧人(市制第三十九條ノ二ノ市ニ於テハ各議員候補者)ノ得票總數ヲ計算スヘシ

第十八條　選擧ノ一部無效ト爲リ更ニ選擧ヲ行ヒタル場合ニ於テハ選擧長ハ前條ノ規定ニ準シ其ノ部分ニ付前條ノ手續ヲ爲シ他ノ部分ニ於ケル各被選擧人(市制第三十九條ノ二ノ市ニ於テハ各議員候補者)ノ投票數ト併セテ其ノ得票總數ヲ計算スヘシ

第十九條　開票分會ヲ設ケタル場合ニ於テハ市町村長ハ市制第三十二條第一項又ハ町村制第二十九條第一項ノ報告ニ開票錄ノ寫ヲ添附スヘシ

第二十條　市制第二十三條第五項及第六項竝ニ町村制第二十條第四項及第五項ノ規定ハ開票立會人ニ、市制第二十四條第一項及第二項竝ニ町村制第二十一條第一項及第二項ノ規定ハ開票分會場ニ、市制第二十七條ノ二、第二十七條ノ三及第二十九條竝ニ町村制第二十四條ノ二、第二十四條ノ三及第二十六條ノ規定ハ開票分會ニ於ケル開票ニ之ヲ準用ス

第二十一條　市制第八十二條第三項ノ市ハ其ノ區ヲ以テ選擧區ト爲シタル場合ニ於テハ市制第二章第一款(第十六條第三項ノ規定ヲ除ク)及本令第二十二條ノ規定ノ適用ニ付テハ之ヲ市制第六條ノ市ト看做ス

第三章　市制第三十九條ノ二ノ市ノ市會議員ノ選擧ニ關スル特例

第二十二條　議員候補者ハ選擧人名簿（選擧區アル場合ニ於テハ當該選擧區ノ選擧人名簿）ニ登錄セラレタル者ノ中ヨリ本人ノ承諾ヲ得テ選擧立會人一人ヲ定メ選擧ノ期日ノ前三日目迄ニ市長（市制第六條ノ市ニ於テハ區長）ニ屆出ツルコトヲ得（昭和三年十一月勅令第二百六十號改正）

前項ノ規定ニ依リ屆出アリタル者（議員候補者死亡シ又ハ議員候補者タルコトヲ辭シタルトキハ其ノ屆出ニ依ル者ヲ除ク）十人ヲ超エサルトキハ直ニ其ノ者ノ中ニ就キ抽籤ニ依リ選擧立會人十人ヲ定ムヘシ（昭和三年十一月勅令二百六十號追加）

前項ノ抽籤ハ選擧ノ期日ノ前日之ヲ行フ第一項ノ屆出ヲ爲シタル議員候補者ハ之ニ立會フコトヲ得（同上）

前項ノ抽籤ヲ行フヘキ場所及日時ハ市長(市制第六條ノ市ニ於テハ區長)ニ於テ豫メ之ヲ告示スヘシ(昭和三年勅令第二百六十號追加 昭和四年六月勅令第百八十六號改正)
第二項ノ規定ニ依リ選擧立會人定マリタルトキハ市長(市制第六條ノ市ニ於テハ區長)ハ直ニ之ヲ本人ニ通知スヘシ(昭和四年六月勅令第百八十六號改正)
議員候補者死亡シ又ハ議員候補者タルコトヲ辭シタルトキハ其ノ屆出ニ係ル選擧立會人ハ其ノ職ヲ失フ(昭和三年十一月勅令第二百六十四號追加)
第二項ノ規定ニ依ル選擧立會人三人ニ達セサルトキ若ハ三人ニ達セサルニ至リタルトキ又ハ選擧立會人ニシテ參會スル者選擧會ヲ開クヘキ時刻ニ至リ三人ニ達セサルトキ若ハ其ノ後三人ニ達セサルニ至リタルトキハ市長(市制第六條ノ市ニ於テハ區長)ハ選擧人名簿(選擧區アルトキハ當該選擧區ノ選擧人名簿)ニ登錄セラレタル者ノ中ヨリ三人ニ達スル迄ノ選擧立會人ヲ選任シ直ニ之ヲ本人ニ通知シ選擧ニ立會ハシムヘシ(昭和三年十一月勅令二百六十號改正)

前七項ノ規定ハ投票立會人及開票立會人ニ之ヲ準用ス但シ選擧人名簿ニ登錄セラレタル者トアルハ分會ノ區劃內ニ於ケル選擧人名簿ニ登錄セラレタル者トス(同上)

第二十三條　市制第二十五條第五項及第七項ノ規定中被選擧人トアルハ議員候補者トシ同規定ヲ適用ス

第二十四條　投票ノ拒否ハ選擧立會人ノ意見ヲ聽キ選擧長又ハ投票分會長之ヲ決定スヘシ

市制第二十五條ノ三第二項乃至第四項ノ規定ハ前項ノ場合ニ之ヲ準用ス但シ投票分會長又ハ投票立會人トアルハ投票立會人トス

市制第二十五條ノ三第二項及第四項ノ投票ノ受理如何ハ市制第二十七條ノ二第二項ノ規定ニ拘ラス選擧立會人又ハ開票立會人ノ意見ヲ聽キ選擧長又ハ開票分會長之ヲ決定スヘシ　(昭和四年六月勅令第百八十六號追加)

第二十五條　市制第二十八條ノ規定中被選擧人トアルハ議員候補者トシ同規定ヲ適用ス

前項ノ規定ニ依ル外議員候補者ニ非サル者ノ氏名ヲ記載シタル投票ハ之ヲ無效トス

第二十六條　投票ノ效力ハ被選擧立會人又開票立會人ノ意見ヲ聽キ選擧長又ハ開票分會長之ヲ決定スヘシ

第二十七條　市制第三十三條第一項ノ規定ハ同項第六號トシテ左ノ一號ヲ加ヘ之ヲ適用ス

六　府縣制第三十四條ノ二ノ規定ノ準用ニ依ル訴訟ノ結果當選無效ト爲リタルトキ

第四章　市制第三十九條ノ二ノ市ノ市會議員ノ選擧運動及其ノ費用竝公立學校等ノ設備ノ使用

第二十九條　選擧事務所ハ議員候補者一人ニ付議員ノ定數（選擧區アル場合ニ於テハ當該選擧區ノ配當議員數）ヲ以テ選擧人名簿（選擧區アル場合ニ於テハ當該選擧區ノ選擧人名簿）確定ノ日ニ於テ之ニ登錄セラレタル者ノ總數ヲ除シテ得タル數一千以上ナルトキハ二箇所ヲ、一千未滿ナルトキハ一箇所ヲ超ユルコトヲ得ス

選擧ノ一部無效ト爲リ更ニ選擧ヲ行フ場合又ハ市制第二十二條第四項ノ規定ニ依リ投票ヲ行フ場合ニ於テハ選擧事務所ハ前項ノ規定ニ依ル數ヲ超エサル範圍內ニ於テ府縣知事（東京府ニ於テハ警視總監）ノ定メタル數ヲ超ユルコト

ヲ得ス
府縣知事(東京府ニ於テハ警視總監)ハ選擧ノ期日ノ告示アリタル後直ニ前二項ノ規定ニ依ル選擧事務所ノ數ヲ告示スヘシ
第三十條　選擧委員及選擧事務員ハ議員候補者一人ニ付議員ノ定數(選擧區アル場合ニ於テハ當該選擧區ノ配當議員數)ヲ以テ選擧人名簿(選擧區アル場合ニ於テハ當該選擧區ノ選擧人名簿)確定ノ日ニ於テ之ニ登錄セラレタル者ノ總數ヲ除シテ得タル數一千以上ナルトキハ通シテ十五人ヲ、一千未滿ナルトキハ通シテ十人ヲ超ユルコトヲ得ス
前條第二項及第三項ノ規定ハ選擧委員及選擧事務員ニ之ヲ準用ス
第三十一條　選擧運動ノ費用ハ議員候補者一人ニ付左ノ各號ノ額ヲ超ユルコトヲ得ス
一　議員ノ定數(選擧區アル場合ニ於テハ當該選擧區ノ配當議員數)ヲ以テ選

擧人名簿(選擧區アル場合ニ於テハ當該選擧區ノ選擧人名簿)確定ノ日ニ於テ之ニ登錄セラレタル者ノ總數ヲ除シテ得タル數ヲ四十錢ニ乘シテ得タル額但シ三百圓未滿ナルモノハ三百圓トス

二　選擧ノ一部無效ト爲リ更ニ選擧ヲ行フ場合ニ於テハ議員ノ定數(選擧區アル場合ニ於テハ當該選擧區ノ配當議員數)ヲ以テ選擧人名簿(選擧區アル場合ニ於テハ當該選擧區ノ選擧人名簿)確定ノ日ニ於テ關係區域ノ選擧人名簿ニ登錄セラレタル者ノ總數ヲ除シテ得タル數ヲ四十錢ニ乘シテ得タル額

三　市制第二十二條第四項ノ規定ニ依リ投票ヲ行フ場合ニ於テハ前號ノ規定ニ準シテ算出シタル額但シ府縣知事(東京府ニ於テハ警視總監)必要アリト認ムルトキハ之ヲ減額スルコトヲ得

府縣知事(東京府ニ於テハ警視總監)ハ選擧ノ期日ノ告示アリタル後直ニ

前項ノ規定ニ依ル額ヲ告示スヘシ

第三十二條　衆議院議員選擧法施行令第八章、第九章及第十二章ノ規定ハ市制第三十九條ノ二ノ市ノ市會議員選擧ニ之ヲ準用ス

第五章　市町村吏員ノ賠償責任及身元保證

第三十三條　市町村吏員其ノ管掌ニ屬スル現金、證券其ノ他ノ財産ヲ亡失又ハ毀損シタルトキハ市町村ハ期間ヲ指定シ其ノ損害ヲ賠償セシムヘシ但シ避クヘカラサル事故ニ原因シタルトキハ他ノ者ノ使用ニ供シタル場合ニ於テ合規ノ監督ヲ怠ラサリシトキハ市町村ハ其ノ賠償ノ責任ヲ免除スヘシ

第三十四條　收入役、副收入役若ハ收入役代理者又ハ收入役ノ事務ヲ兼掌スル町村長若ハ助役市制第百三十九條第二項又ハ町村制第百十九條第二項ノ規定ニ違反シテ支出ヲ爲シタルトキハ市町村ハ期間ヲ指定シ之ニ因リテ生シタル

損害ヲ賠償セシムヘシ區收入役、區副收入役又ハ區收入役代理者ニ付亦同シ

第三十五條　市町村吏員其ノ執務上必要ナル物品ノ交付ヲ受ケ故意又ハ怠慢ニ因リ之ヲ亡失又ハ毀損シタルトキハ市町村ノ期間ヲ指定シ其ノ損害ヲ賠償セシムヘシ

第三十六條　前三條ノ處分ヲ受ケタル者其ノ處分ニ不服アルトキハ府縣參事會ニ訴願シ其ノ裁決ニ不服アルトキハ行政裁判所ニ出訴スルコトヲ得

前項ノ裁決ニ付テハ府縣知事又ハ市町村ヨリモ訴訟ヲ提起スルコトヲ得

府縣參事會訴願ヲ受理シタルトキハ其ノ日ヨリ三月以内ニ之ヲ裁決スヘシ

市制第百六十條第一項乃至第三項又ハ町村制第百四十條第一項乃至第三項ノ規定ハ第一項及第二項ノ訴願及訴訟ニ之ヲ準用ス

第三十七條　賠償金ノ徴收ニ關シテハ市制第百三十一條又ハ町村制第百十一條ノ例ニ依ル

第三十八條　市町村吏員ニ對シ身元保證ヲ徵スルノ必要アリト認ムルトキハ市町村ハ其ノ種類、價格、程度其ノ他必要ナル事項ヲ定ムヘシ

第三十九條　本章中市町村ニ關スル規定ハ市制第六條ノ市ノ區及市制第百四十四條ノ市ノ一部及町村制第百二十四條ノ町村ノ一部ニ之ヲ準用ス

第六章　市町村稅ノ賦課徵收

第四十條　市町村ノ內外ニ於テ營業所ヲ設ケ營業ヲ爲ス者ニシテ其ノ營業又ハ收入ニ對スル本稅ヲ分別シテ納メサル者ニ對シ附加稅ヲ賦課セムトスルトキハ市町村長ハ關係市長又ハ町村長(町村長ニ準スヘキモノヲ含ム)ト協議ノ上其ノ本稅額ノ步合ヲ定ムヘシ

前項ノ協議調ハサルトキハ府縣知事之ヲ定メ其ノ數府縣ニ涉ルモノハ內務大臣及大藏大臣之ヲ定ムヘシ

第一項ノ場合ニ於テ直接ニ收入ヲ生スルコトナキ營業所アルトキハ他ノ營業所ト收入ヲ共通スルモノト認メ前二項ノ規定ニ依リ本稅額ノ步合ヲ定ムヘシ府縣ニ於テ數府縣ニ涉ル營業又ハ其ノ收入ニ對シ營業稅附加稅、營業收益稅附加稅又ハ所得稅附加稅賦課ノ步合ヲ定メタルモノアルトキハ其ノ步合ニ依ル本稅額ヲ以テ其ノ府縣ニ於ケル本稅額ト看做ス

第四十一條　鑛區(砂鑛區域ヲ含ム以下之ニ同シ)カ市町村ノ內外ニ涉ル場合ニ於テ鑛區稅(砂鑛區稅ヲ含ム)ノ附加稅ヲ賦課セムトスルトキハ鑛區ノ屬スル地表ノ面積ニ依リ其ノ本稅額ヲ分割シ其ノ一部ニノミ賦課スヘシ

市町村ノ內外ニ於テ鑛業ニ關スル事務所其ノ他ノ營業所ヲ設ケタル場合ニ於テ鑛產稅ノ附加稅ヲ賦課セムトスルトキハ前條ノ例ニ依ル、鑛區カ營業所所在ノ市町村ノ內外ニ涉ル場合亦同シ

第四十二條　住所滯在カ市町村ノ內外ニ涉ル者ノ收入ニシテ土地家屋物件又ハ

營業所ヲ設ケタル營業ヨリ生スル收入ニ非サルモノニ對シ市町村稅ヲ賦課セムトスルトキハ其ノ收入ヲ平分シ其ノ一部ニノミ賦課スヘシ

前項ノ住所又ハ滯在カ其ノ時ヲ異ニシタルトキハ納稅義務ノ發生シタル翌月ノ初メヨリ其ノ消滅シタル月ノ終迄月割ヲ以テ賦課スヘシ但シ賦課後納稅義務者ノ住所又ハ滯在ニ異動ヲ生スルモ賦課額ハ變更セス其ノ新ニ住所ヲ有シ又ハ滯在スル市町村ニ於テハ賦課ナキ部分ニノミ賦課スヘシ

住所滯在カ同一府縣內ノ市町村ノ內外ニ涉ル者其ノ住所又ハ滯在ノ時ヲ異ニシタル場合ニ於テ其ノ者ニ對シテ戶數割附加稅ヲ賦課セムトスルトキハ前項ノ規定ヲ準用ス

第四十三條　市町村稅ヲ徵收セムトスルトキハ市町村長ハ徵稅令書ヲ納稅人ニ交付スヘシ

第四十四條　徵稅令書ヲ受ケタル納稅人納期內ニ稅金ヲ完納セサルトキハ市町

村長ハ直ニ督促狀ヲ發スヘシ

第四十五條　督促ヲ爲シタル場合ニ於テハ一日ニ付稅金額ノ萬分ノ四以內ニ於テ市町村ノ定ムル割合ヲ以テ納期限ノ翌日ヨリ稅金完納又ハ財產差押ノ日ノ前日迄ノ日數ニ依リ計算シタル延滯金ヲ徵收スヘシ但シ左ノ各號ノ一ニ該當スル場合又ハ滯納ニ付市町村長ニ於テ酌量スヘキ情狀アリト認ムルトキハ此ノ限ニ在ラス

一　令書一通ノ稅金額五圓未滿ナルトキ

二　納期ヲ繰上ケ徵收ヲ爲ストキ

三　納稅者ノ住所及居所カ帝國內ニ在ラサル爲又ハ共ニ不明ナル爲公示送達ノ方法ニ依リ納稅ノ命令又ハ督促ヲ爲シタルトキ

督促狀ノ指定期限迄ニ稅金及督促手數料ヲ完納シタルトキハ延滯金ハ之ヲ徵收セス

第四十六條　納稅人左ノ場合ニ該當スルトキハ徵收令書ヲ交付シタル市町村ニ限リ納期前ト雖モ之ヲ徵收スルコトヲ得

一　國稅徵收法ニ依ル滯納處分ヲ受クルトキ
二　强制執行ヲ受クルトキ
三　破產ノ宣告ヲ受ケタルトキ
四　競賣ノ開始アリタルトキ
五　法人カ解散ヲ爲シタルトキ
六　納稅人脫稅又ハ逋脫ヲ謀ルノ所爲アリト認ムルトキ

第四十六條ノ二　相續人又ハ相續財團ハ被相續人ニ對シ相續開始前ノ事實ニ付キ賦課セラルヘキ市町村稅ヲ納ムル義務ヲ負フ但シ戶主ノ死亡以外ノ原因ニ依リ家督相續ノ開始アリタルトキハ被相續人モ亦之ヲ納ムル義務ヲ負フ（昭和四年六月勅令第百八十六號ヲ以テ本條追加）

第四十七條　相續開始ノ場合ニ於テハ市町村稅、督促手數料、延滯金及滯納處分費ハ相續財團又ハ相續人ヨリ之ヲ徵收スヘシ但シ戶主ノ死亡以外ノ原因ニ依リ家督相續ノ開始アリタルトキハ被相續人ヨリモ之ヲ徵收スルコトヲ得國籍喪失ニ因ル相續人又ハ限定承認ヲ爲シタル相續人ト相續ニ因リテ得タル財產ヲ限度トシテ市町村稅、督促手數料延滯金及滯納處分費ヲ納付スルノ義務ヲ有ス

法人合倂ノ場合ニ於テハ合倂ニ因リ消滅シタル法人ノ納付スヘキ市町村稅、督促手數料、延滯金滯納處分費ハ合倂後存續スル法人又ハ合倂ニ因リ設立シタル法人ヨリ之ヲ徵收スヘシ

第四十八條　共有物、共同事業、共同事業ニ因リ生シタル物件又ハ共同行爲ニ係ル市町村稅、督促手數料、延滯金及滯納處分費ハ納稅者連帶シテ其ノ義務ヲ負擔ス

第四十九條　同一年度ノ市町村稅ニシテ既納ノ稅金過納ナルトキハ爾後ノ納期ニ於テ徵收スヘキ同一稅目ノ稅金ニ充ツルコトヲ得

第五十條　納稅義務者納稅地ニ住所又ハ居所ヲ有セサルトキハ納稅ニ關スル事項ヲ處理セシムル爲納稅管理人ヲ定メ市町村長ニ申告スヘシ其ノ納稅管理人ヲ變更シタルトキ亦同シ

第五十一條　徵稅令書、督促狀及滯納處分ニ關スル書類ハ名宛人ノ住所又ハ居所ニ送達ス名宛人カ相續財團ニシテ財產管理人アルトキハ財產管理人ノ住所又ハ居所ニ送達ス

納稅管理人アルトキハ納稅ノ告知及督促ニ關スル書類ニ限リ其ノ住所又ハ居所ニ送達ス

第五十二條　書類ノ送達ヲ受クヘキ者カ其ノ住所若ハ居所ニ於テ書類ノ受取ヲ拒ミタルトキ又ハ其ノ者ノ住所及居所カ帝國內ニ在ラサルトキ若ハ共ニ不明

ナルトキハ書類ノ要旨ヲ公告シ公告ノ初日ヨリ七日ヲ經過シタルトキハ書類ノ送達アリタルモノト看做ス

第五十三條　市町村ハ内務大臣及大藏大臣ノ指定シタル市町村税ニ付テハ其ノ徵收ノ便宜ヲ有スル者ヲシテ之ヲ徵收セシムルコトヲ得

前項ノ市町村税ノ徵收ニ付テハ第四十三條ノ規定ニ依ラサルコトヲ得

第五十四條　前條第一項ノ規定ニ依リ市町村税ヲ徵收セシムル場合ニ於テハ納税人ハ其ノ税金ヲ徵收義務者ニ拂込ムニ依リテ納税ノ義務ヲ了ス

第五十五條　第五十三條第一項ノ規定ニ依ル徵收義務者ハ徵收スヘキ市町村税ヲ市町村長ノ指定シタル期日迄ニ市町村ニ拂込ムヘシ、其ノ期日迄ニ拂込マサルトキハ市町村長ハ相當ノ期間ヲ指定シ督促狀ヲ發スヘシ

第五十六條　市町村ハ前條ノ徵收ノ費用トシテ拂込金額ノ百分ノ四ヲ徵收義務者ニ交付スヘシ

第五十七條　第五十三條第一項ノ規定ニ依ル徵收義務者避クヘカラサル災害ニ依リ既收ノ稅金ヲ失ヒタルトキハ其ノ稅金拂込義務ノ免除ヲ市町村長ニ申請スルコトヲ得

市町村長前項ノ申請ヲ受ケタルトキハ七日以內ニ市參事會又ハ町村會ノ決定ニ付スヘシ市參事會又ハ町村會ハ其ノ送付ヲ受ケタル日ヨリ三月以內ニ之ヲ決定スヘシ

前項ノ決定ニ不服アル者ハ府縣參事會ニ訴願シ其ノ裁決又ハ第四項ノ裁決ニ不服アル者ハ內務大臣ニ訴願スルコトヲ得

前二項ノ決定ニ付テハ市町村長ヨリモ訴願ヲ提起スルコトヲ得

前二項ノ裁決ニ付テハ市町村長又ハ府縣知事ヨリモ內務大臣ニ訴願スルコトヲ得

府縣參事會訴願ヲ受理シタルトキハ其ノ日ヨリ三月以內ニ之ヲ裁決スヘシ

市制第百六十條第一項乃至第三項又ハ町村制第百四十條第一項乃至第三項ノ規定ハ第三項乃至第五項ノ訴願ニ之ヲ準用ス

第二項ノ決定ハ文書ヲ以テ之ヲ爲シ其ノ理由ヲ附シ之ヲ本人ニ交付スヘシ

第五十八條　第四十五條乃至第四十八條ノ規定ハ第五十三條第一項ノ規定ニ依リ市町村税ヲ徴收セシムル場合ノ拂込金ニ之ヲ準用ス

第七章　市町村ノ監督

第五十九條　左ニ揭クル事件ハ内務大臣ノ許可ヲ受クヘシ（昭和四年六月勅令第百八十六號本條改正）

一　市町村會議員ノ定數增減ニ關スル條例（著シク人口ノ增減アリタルニ因ル町村會議員ノ定數增減ニ關スル條例ヲ除ク）ヲ設ケ又ハ改正スルコト

二　市會議員選擧區ニ關スル條例ヲ設ケ又ハ改正スルコト

三　町村制第四十五條第三項ノ規定ニ依リ議長及其ノ代理者ヲ置クコトニ關スル條例ヲ設クルコト

四　名譽職市長又ハ市參與ヲ置クコトニ關スル條例ヲ設ケ又ハ改正スルコト

第五十九條ノ二　左ニ掲クル事件ハ內務大臣及大藏大臣ノ許可ヲ受クヘシ但シ第三號及第四號ニ掲クル事件ニシテ傳染病豫防費又ハ急施ヲ要スル災害復舊工事費ニ充ツル爲借入ルル市町村債、府縣ノ基金又ハ敎育資金ヨリ借入ルル市町村債及市町村ニ轉貸ノ爲主務大臣ノ許可ヲ得テ借入タル府縣債ノ收入金ヨリ借入ルル市町村債ニ付テハ此ノ限リニ在ラス（同上追加）

一　水道、電氣、瓦斯、鐵道、軌道及自動車並ニ中央卸賣市場法ニ依ル市場ノ使用料ニ關スルコト

二　特別稅段別割ヲ除クノ外特別稅ヲ新設シ又ハ變更スルコト

三　小學校舍ノ建築、增築、改築其ノ他小學校設備ノ費用ニ充ツル爲借入ル

ル市町村債ニシテ据置期間ヲ通シ償還期限十年度ヲ超ユルモノニ關スルコト

四　前號ニ揭クル費用ニ充ツル爲借入ルル市町村債ヲ除クノ外据置期間ヲ通シ償還期限二年度ヲ超ユル市町村債及借入ノ翌年度ニ於テ借入金ヲ以テ償還スル市町村債ニ關スルコト

第六十條　左ニ揭クル事件ハ監督官廳ノ許可ヲ受クルコトヲ要セス（昭和四年六月勅令第百八十六號ヲ以テ本條改正）

一　耕地整理又ハ區劃整理ノ爲市町村又ハ市制第六條ノ市ノ區ノ境界ヲ變更スルコト但シ關係アル市町村會又ハ區會ニ於テ意見ヲ異ニスルトキハ此ノ限ニ在ラス

二　所屬未定地ヲ市町村又ハ市制第六條ノ市ノ區ノ區域ニ編入スルコト但シ關係アル市町村會又ハ區會ニ於テ意見ヲ異ニスルトキハ此ノ限ニ在ラス

三 公告式、印鑑、書類送達、諸證明、市町村ノ一部ノ區會又ハ區總會ニ關スル條例ヲ設ケ又ハ改廢スルコト

四 公會堂、公園、水族館、動物園、植物園、鑛泉、浴場、共同宿泊所、消毒所、産婆、胞衣及産穢物燒却場、幼兒哺育場、商品陳列所、勸業館、農業倉庫、殺蛹乾燥場、種畜、牛馬種付所、斃獸解剖場、獸醫、土屋、荷揚場、貯木場、土砂採取場、石材採取場、農具ノ管理及使用並使用料ニ關スル條例ヲ設ケ又ハ之ヲ改廢スルコト

五 手數料、加入金、延滯金及積立金類等ニ關スル條例ヲ設ケ又ハ改廢スル事

六 府縣費ノ全部ノ分賦ヲ受クル市ニ於テ特別税特別地税又ハ大正十五年勅令第三百三十九號第十七條第一項ニ揭クル種類ト同種類ノ特別税ノ賦課ニ關スル條例ヲ設ケ又ハ改正スルコト但シ特別税特別地税ニ付テハ大正十五年勅令第百四十三號ニ依リ府縣知事ニ於テ許可スル課税ノ限度ヲ超ユルモノ及新ニ漁業ニ對シ特別税ヲ賦課シ又ハ賦課率若ハ賦課方法ヲ變更スルモノニ付テハ此ノ限ニ在ラス

變更スルモノニ付テハ此ノ限ニ在ラス

七　特別税戸割數ヲ新設シ又ハ變更スルコト及之ニ關スル條例ヲ設ケ又ハ改正スルコト(同上昭和四年六月勅令第百八十六號ヲ以テ改正)

八　使用料、特別税又ハ委員ニ關スル條例ヲ廢止スルコト(同上追加)

九　三年度ヲ超エサル繼續費ヲ定メ又ハ其ノ年期内ニ於テ之ヲ變更スルコト

十　繼續費ヲ減額スルコト(同上)

十一　市町村債ノ借入額ヲ減少シ又ハ利息ノ定率ヲ低減スルコト(同上改正)

十二　市町村債ノ借入先ヲ變更シ又ハ債券發行方法ニ依ル市町村債ヲ其ノ他ノ方法ニ依ル市町村債ニ變更スルコト

十三　市町村債ノ償還年度ヲ短縮シ又ハ償還年限ヲ延長セスシテ低利借替ヲ爲シ若ハ繰上償還ヲ爲スコト但シ外資ニ依リタル市町村債ノ借替又ハ外資ヲ以テスル借替ニ付テハ此ノ限ニ在ラス(同上)

十四 市町村債ノ償還年限ヲ延長セスシテ不均等償還ヲ元利均等償還ニ變更シ又ハ年度内ノ償還期若ハ償還期數ヲ變更スルコト(同上)

十五 市町村債ニ關スル條例ヲ設ケ又ハ改廢スルコト(昭和四年勅令第百八十六號追加)

第八章 市制第六條ノ市ノ區

第六十一條 府縣知事ハ市會ノ意見ヲ徵シ府縣參事會ノ議決ヲ經テ市條例ヲ設定シ新ニ區會ヲ設クルコトヲ得

第六十二條 區內ニ住所ヲ有スル市公民ハ總テ區會議員ノ選擧權ヲ有ス但シ公民權停止中ノ者又ハ市制第十一條ノ規定ニ該當スル者ハ此ノ限ニ在ラス

第六十三條 區會議員ノ選擧權ヲ有スル市公民ハ區會議員ノ被選擧權ヲ有ス在職ノ檢事、警察官及收稅官吏ハ被選擧權ヲ有セス

選擧事務ニ關係アル官吏及市ノ有給吏員ハ其ノ關係區域內ニ於テ被選擧權ヲ

有セス
市ノ有給ノ吏員其ノ他ノ職員ニシテ在職中ノ者ハ其ノ所屬區ノ區會議員ト相兼ヌルコトヲ得ス

第六十四條　區會議員ハ市ノ名譽職トス
議員ノ任期ハ四年トシ總選擧ノ日ヨリ之ヲ起算ス
議員ノ定數ニ異動ヲ生シタル爲解任ヲ要スル者アルトキハ區長抽籤シテ之ヲ定ム但シ闕員アルトキハ其ノ闕員ヲ以テ之ニ充ツヘシ
前項ノ但書ノ場合ニ於テ闕員ノ數解任ヲ要スル者ノ數ニ滿チサルトキハ其ノ不足ノ員數ニ付區長抽籤シテ解任スヘキ者ヲ定メ闕員ノ數解任ヲ要スル者ノ數ヲ超ユルトキハ解任ヲ要スル者ニ充ツヘキ闕員ハ最モ先ニ闕員ト爲リタル者ヨリ順次之ニ充テ闕員ト爲リタル時同シキトキハ區長抽籤シテ之ヲ定ム
議員ノ定數ニ異動ヲ生シタル爲新ニ選擧セラレタル議員ハ總選擧ニ依リ選擧

セラレタル議員ノ任期滿了ノ日迄在任ス

第六十五條　區會ノ組織及區會議員ノ選擧ニ關シテハ前數條ニ定ムルモノノ外市制第十三條、第十七條及第二十條乃至第三十九條竝本令第七條乃至第二十條ノ規定ヲ準用ス但シ市制第十三條第四項ノ規定ノ準用ニ依ル市條例ノ設定ニ付テハ市ハ區會ノ意見ヲ徵スヘク、市制第三十二條及第三十四條ノ規定ノ準用ニ依ル報告ハ市長ヲ經テ之ヲ爲スヘシ

第六十六條　第三章及第四章ノ規定ハ市制第三十九條ノ二ノ區ノ區會議員選擧ニ之ヲ準用ス

第六十七條　區會ノ職務權限ニ關シテハ市會ノ職務權限ニ關スル規定ヲ準用ス區長ト區會トノ關係ニ付テハ市長ト市會トノ關係ニ關スル規定及市制第九十二條ノ規定ヲ準用ス

第六十八條　區會ヲ設ケサル區ニ於テハ區會ノ職務ハ市會之ヲ行フ

第六十九條　市ハ區會ノ意見ヲ徴シ區ノ營造物ニ關シ市條例又ハ市規則ヲ設クルコトヲ得

市制第二十九條ノ規定ハ前項ノ場合ニ之ヲ準用ス

區ハ前二項ノ市條例ノ定ムル所ニ依リ區ノ營造物ノ使用ニ付使用料ヲ徴收シ又ハ過料ヲ科スルコトヲ得

第七十條　區ハ其ノ財產及營造物ニ關シ必要ナル費用ヲ支辨スル義務ヲ負フ

前項ノ支出ハ區ノ財產ヨリ生スル收入、使用料ノ他法令ニ依リ區ニ屬スル收入ヲ以テ之ニ充テ仍不足アルトキハ市ハ其ノ區ニ於テ特ニ賦課徴收スル市稅ヲ以テ之ニ充ツヘシ

前項ノ市稅ニ付市會ノ議決スヘキ事項ハ區會之ヲ議決ス但シ市ノ定メタル制限ヲ超ユルコトヲ得ス

市制第九十八條第四項ノ規定ニ依リ市ノ負擔スル費用ニ付テハ前二項ノ規定

ヲ準用ス

第七十一條　前數條ニ定ムルモノノ外區ニ關シテハ市制第百十四條、第百十五條、第百三十條第二項乃至第六項、第百三十一條第一項、第二項、第四項乃至第八項及第百三十三條乃至第百四十三條竝ニ本令第一條乃至第四條ノ規定ヲ準用ス但シ第百三十條第三項中市參事會トアルハ區會、第百四十一條第二項中名譽職參事會員トアルハ區會議員トス

前項ノ規定ニ依リ市制第百三十一條第一項ノ規定ヲ準用スル場合ニ於テハ市ハ區會ノ意見ヲ徵シ市條例ヲ定メ區ヲシテ手數料ヲ徵收セシムルコトヲ得

第七十二條　區ノ監督ニ付テハ市ノ監督ニ關スル規定ヲ準用ス

第九章　雜　則

第七十三條　市町村組合又ハ町村組合ニ關シテハ第一條乃至第四條ノ規定ニ拘

ラス組合規約ニ於テ別段ノ定ヲ爲スコトヲ得

第七十四條　本令中府縣、府縣知事又ハ府縣參事會ニ關スル規定ハ北海道ニ付テハ各北海道、北海道廳長官又ハ北海道參事會ニ、本令第一章中町村長又ハ町村條例ニ關スル規定ハ北海道ニ付テハ各町村長又ハ町村條例ニ準スヘキモノニ之ヲ適用ス

北海道二級町村ノ區域ノ境界ニ涉リ市ノ設置又ハ境界變更アリタル場合ニ於テ新ニ市ノ區域ニ屬スル地域ニ關シ必要ナル選擧人名簿ハ其ノ地域ノ新ニ屬シタル市ノ市長之ヲ調製スヘシ（昭和三年十一月勅令第二百六十七號追加）

前項ノ選擧人名簿ニ關シ市制第二十一條乃至第二十一條ノ五ニ規定スル期日又ハ期間ニ依リ難キトキハ北海道長官ニ於テ其ノ期日又ハ期間ヲ定ムヘシ但シ其ノ選擧人名簿ハ次ノ選擧人名簿確定迄其ノ效力ヲ有ス（同上追加）

前項ノ規定ニ依リ期日又ハ期間ヲ定メタルトキハ北海道廳長官ハ直ニ之ヲ告

示スヘシ(同上追加)

市ノ區域ノ境界ニ渉リ北海道二級町村ノ設置又ハ境界變更アリタル場合ニ於テハ市長ハ其ノ市ニ於ケル選擧人名簿中新ニ町村ノ區域ニ屬シタル地域ニ係ル部分ヲ抹消スヘシ(同上追加)

附　則

本令中公民權及議員選擧ニ關スル規定ハ次ノ總選擧ヨリ、其ノ他ノ規定ハ大正十五年七月一日ヨリ之ヲ施行ス

左ノ勅令ハ之ヲ廢止ス

明治四十四年勅令第二百四十號

明治四十四年勅令第二百四十一號

明治四十四年勅令第二百四十四號

明治四十四年勅令第二百四十五號

明治四十四年勅令第二百四十八號
大正九年勅令第百六十八號
大正十年勅令第四百十二號

從前ノ規定ニ依ル手續其ノ他ノ行爲ハ本令ニ別段ノ規定アル場合ヲ除クノ外之ヲ本令ニ依リ爲シタルモノト看做ス

大正十年勅令第四百十二號第二條ノ規定ニ依リ爲シタル許可ノ申請ニシテ大正十五年六月三十日迄ニ許可ヲ得サルモノハ之ヲ本令第五十九條ノ規定ニ依リ府縣知事ニ爲シタル許可ノ申請ト看做ス

大正十五年市制中改正法律又ハ同年町村制中改正法律中選擧ニ關スル規定ノ施行セラレタル市町村及未タ施行セラレサル市町村ノ區域ノ境界ニ渉リ市町村ノ廢置分合又ハ境界變更アリタル場合ニ於テ右選擧ニ關スル規定ノ施行セラレサリシ市町村ノ區域ニ屬シタル地域ニ關シ必要ナル選擧人名簿ハ其ノ地

域ノ新ニ屬シタル市町村ノ市町村長之ヲ調製スヘシ、此ノ場合ニ於テハ大正十五年市制中改正法律附則第二項又ハ同年町村制中改正法律附則第四項ノ例ニ依ル

明治四十四年勅令第二百四十五號第四條又ハ大正九年勅令第百六十八號第四條ノ規定ニ依リ爲シタル決定又ハ裁決ニ對スル訴願又ハ訴訟ノ提起期間ハ決定又ハ裁決アリタル日ノ翌日ヨリ之ヲ起算ス

從前市町村長ニ爲シタル申請ニシテ大正十五年六月三十日迄ニ市參事會又ハ町村會ノ決定ニ付セラレサルモノニ付テハ第五十七條第二項ノ期間ハ同年七月一日ヨリ之ヲ起算ス

從前市參事會若ハ町村會ノ決定ニ付セラレタル申請又ハ府縣參事會ニ於テ受理シタル訴願ニシテ大正十五年六月三十日迄ニ決定又ハ裁決ナキモノニ付テハ第三十六條第三項竝第五十七條第二項及第六項ノ期間ハ同年七月一日ヨリ

之ヲ起算ス

本令ニ依リ初メテ區會議員ヲ選擧スル場合ニ於テ必要ナル選擧人名簿ニ關シ市制第二十一條乃至第二十一條ノ五ノ規定ノ準用ニ依ル期日又ハ期間ニ依リ難キトキハ命令ヲ以テ別ニ其ノ期日又ハ期間ヲ定ム但シ其ノ選擧人名簿ハ次ノ選擧人名簿確定迄其ノ效力ヲ有ス

本令中公民權及議員選擧ニ關スル規定施行ノ際大正十五年府縣制中改正法律中議員選擧ニ關スル規定若ハ同年市制中改正法律中公民權及議員選擧ニ關スル規定又ハ同年勅令第三號衆議院議員選擧法施行令未タ施行セラレサル場合ニ於テハ本令ノ適用ニ付テハ同規定又ハ同令ハ既ニ施行セラレタルモノト看做ス

附　則（昭和二年三月三十一日勅令第三十八號）

本令ハ昭和二年度分ヨリ之ヲ適用ス

附　則（昭和三年十一月一日勅令第二百六十號）

本令ハ公布ノ日ヨリ之ヲ施行ス

昭和二年勅令二百六十九號北海道一級町村制中公民權及議員選擧ニ關スル規定ノ未タ施行セラレサル一級町村ノ區域ノ境界ニ渉リ市ノ設置又ハ境界變更アリタル場合ニ於テ其ノ異動アリタル地域ニ係ル市會議員選擧人名簿ニ付テハ第七十四條第二項乃至第五項ノ例ニ依ル

附　則（昭和四年六月勅令第百八十六號）

本令ハ昭和四年七月一日ヨリ之ヲ施行ス

別表

點字（右側ノ記載ハ各點字ノ發音ヲ示スモノトス）

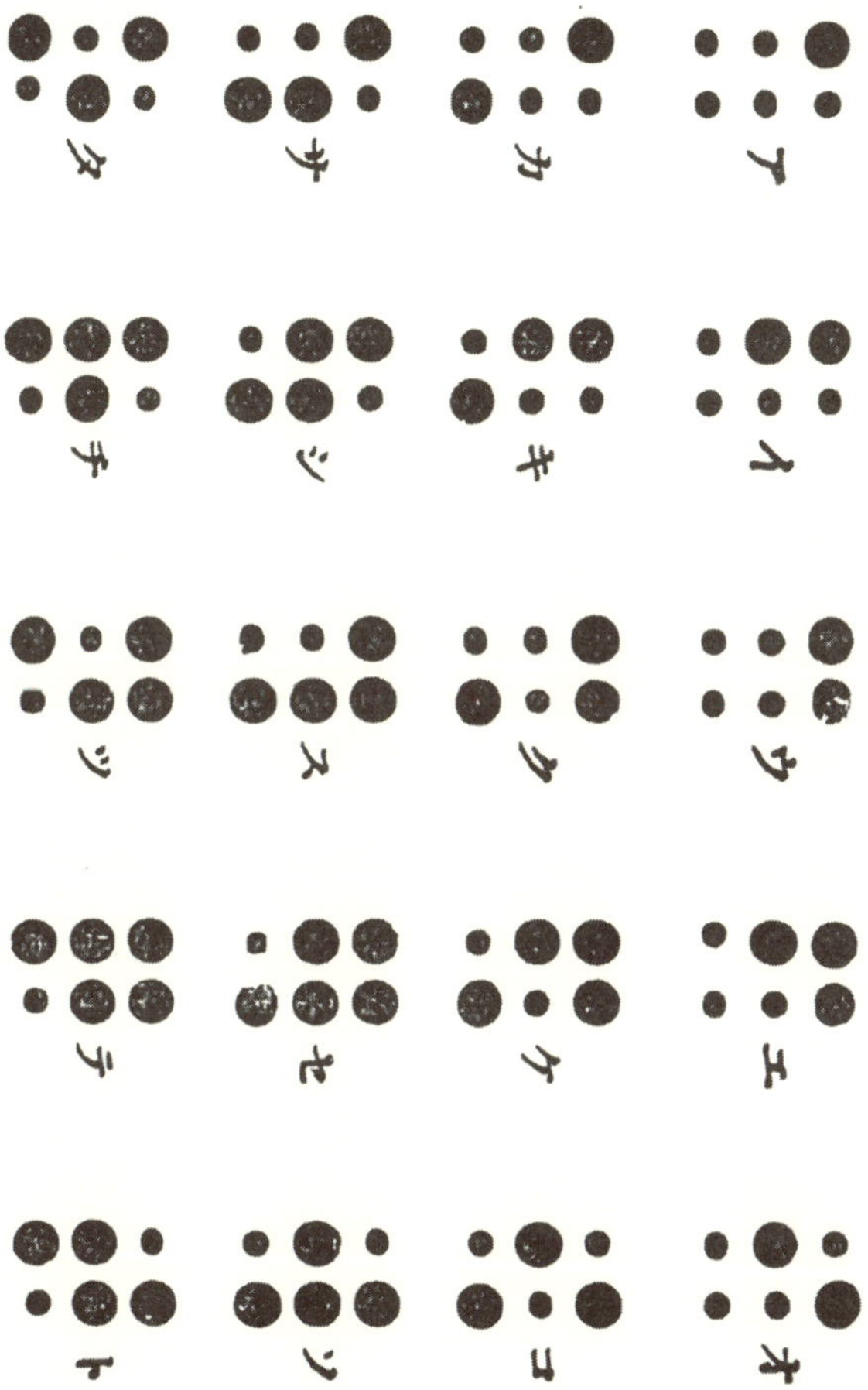

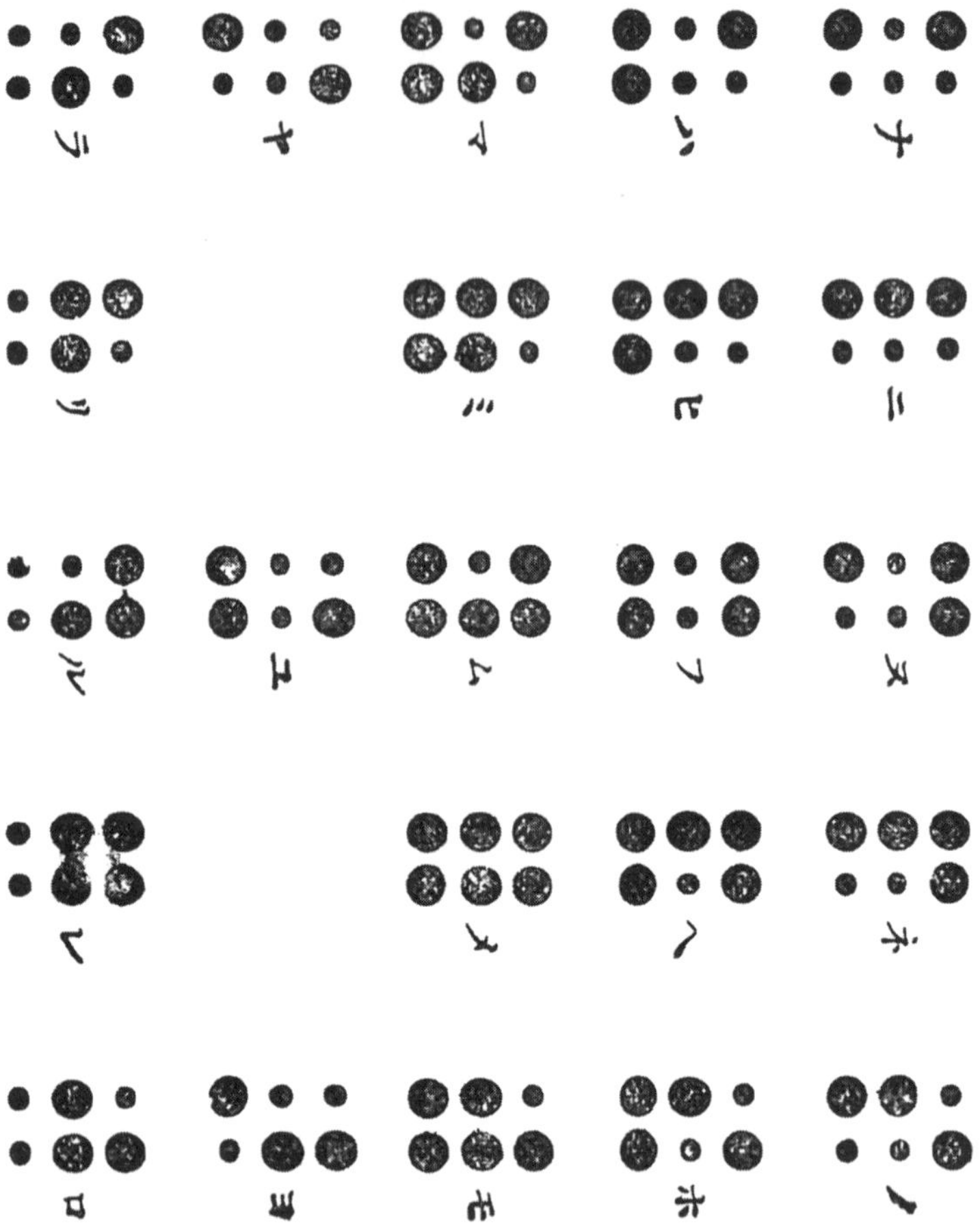

ナ
ハ
マ
ヤ
ラ
ニ
ヒ
ミ
リ
ヌ
フ
ム
ユ
ル
ネ
ヘ
メ
レ
ノ
ホ
モ
ヨ
ロ

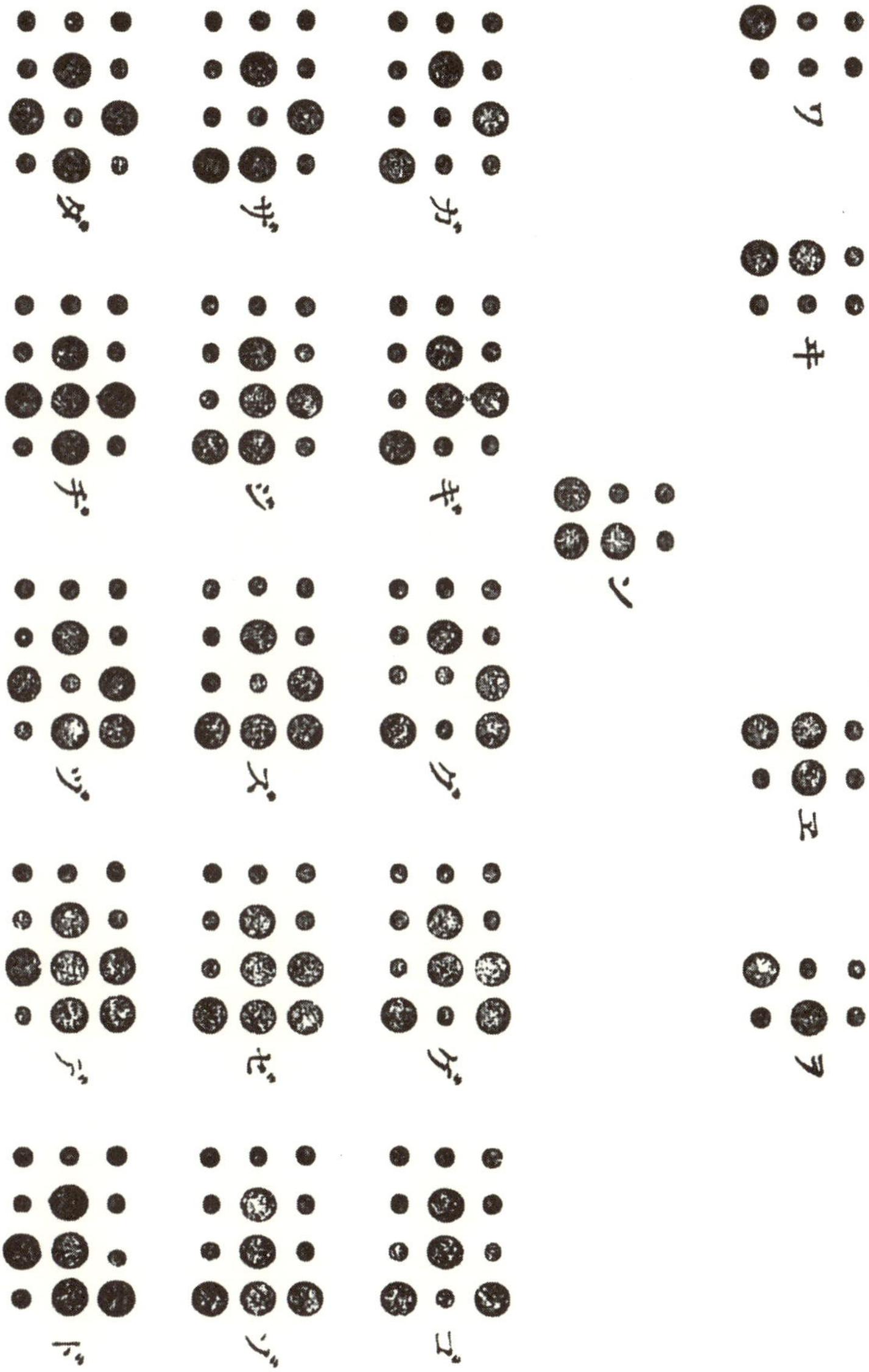
ワ
ヰ
ン
ヱ
ヲ
ガ
ギ
グ
ゲ
ゴ
ザ
ジ
ズ
ゼ
ゾ
ダ
ヂ
ヅ
デ
ド

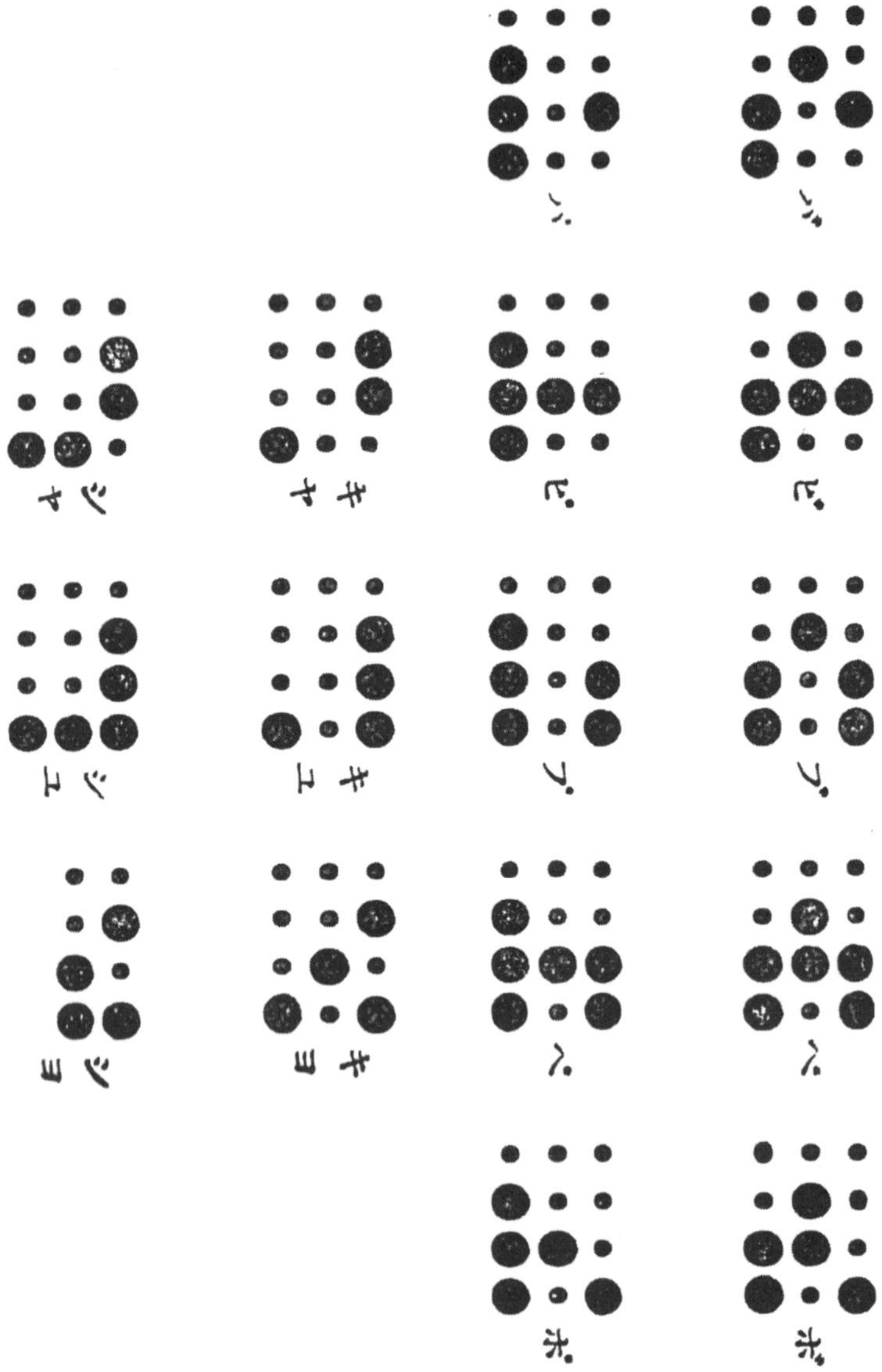
バ
パ
ビ
ピ
キャ
ジャ
ブ
プ
キュ
ジュ
ベ
ペ
キョ
ジョ
ボ
ポ

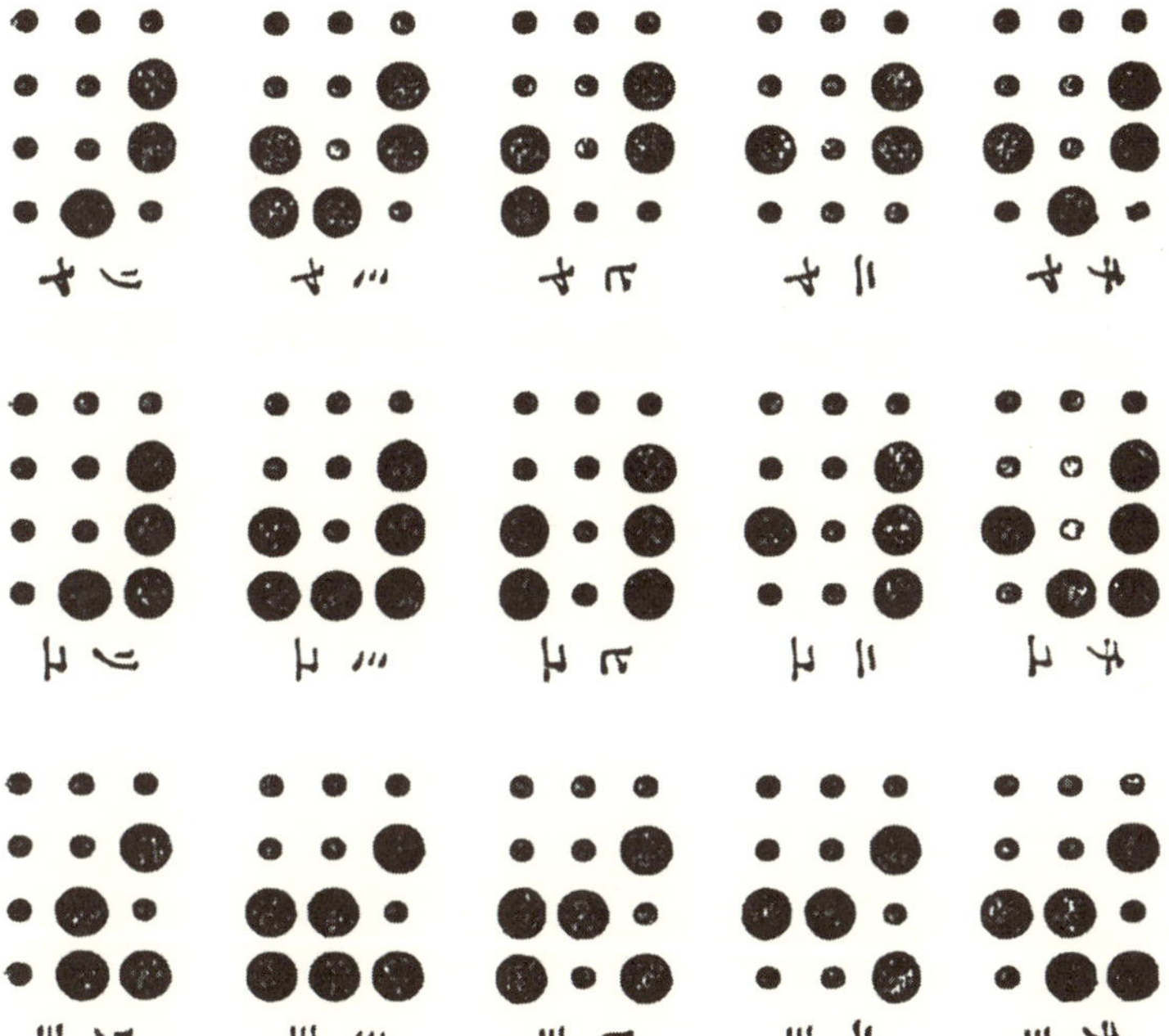
チャ
ニャ
ヒャ
ミャ
リャ
チュ
ニュ
ヒュ
ミュ
リュ
チョ
ニョ
ヒョ
ミョ
リョ

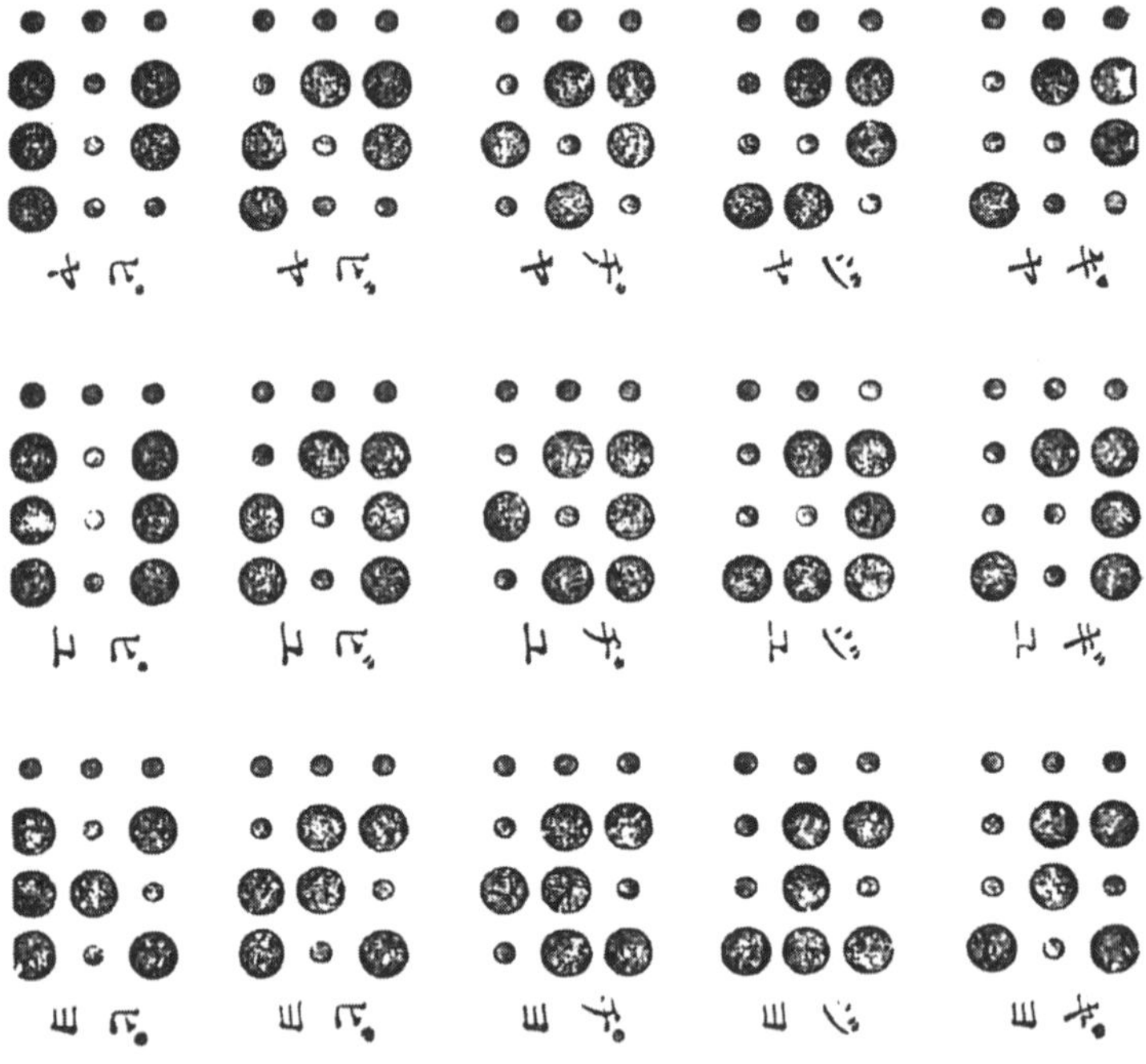
ギャ
ジャ
ヂャ
ビャ
ピャ
ギュ
ジュ
ヂュ
ビュ
ピュ
ギョ
ジョ
ヂョ
ビョ
ピョ

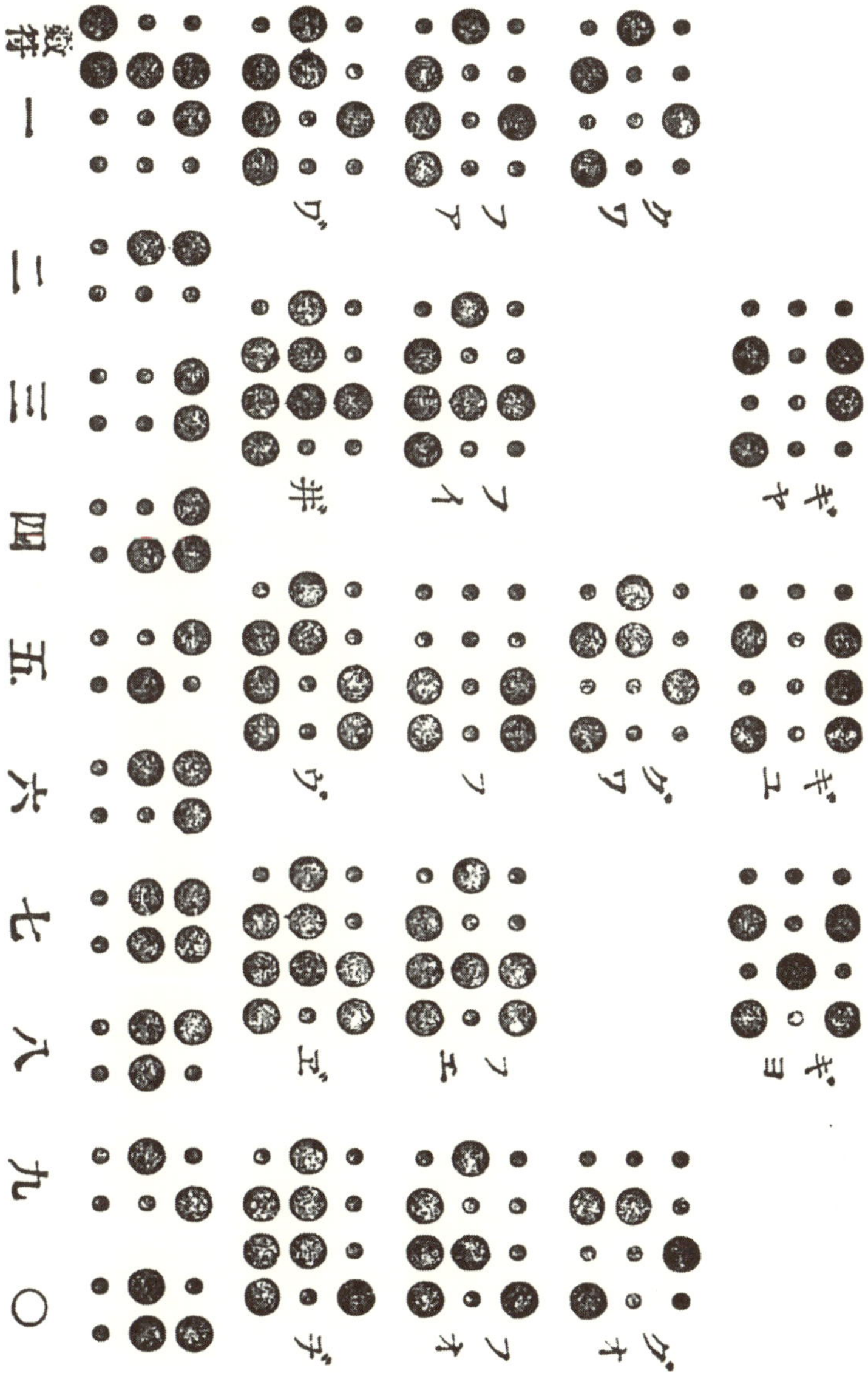
グワ
ファ
ヷ
ギャ
フイ
ヸ
ギュ
グワ
フ
ヴ
ギョ
フエ
ヹ
グオ
フオ
ヺ
數符
一
二
三
四
五
六
七
八
九
〇

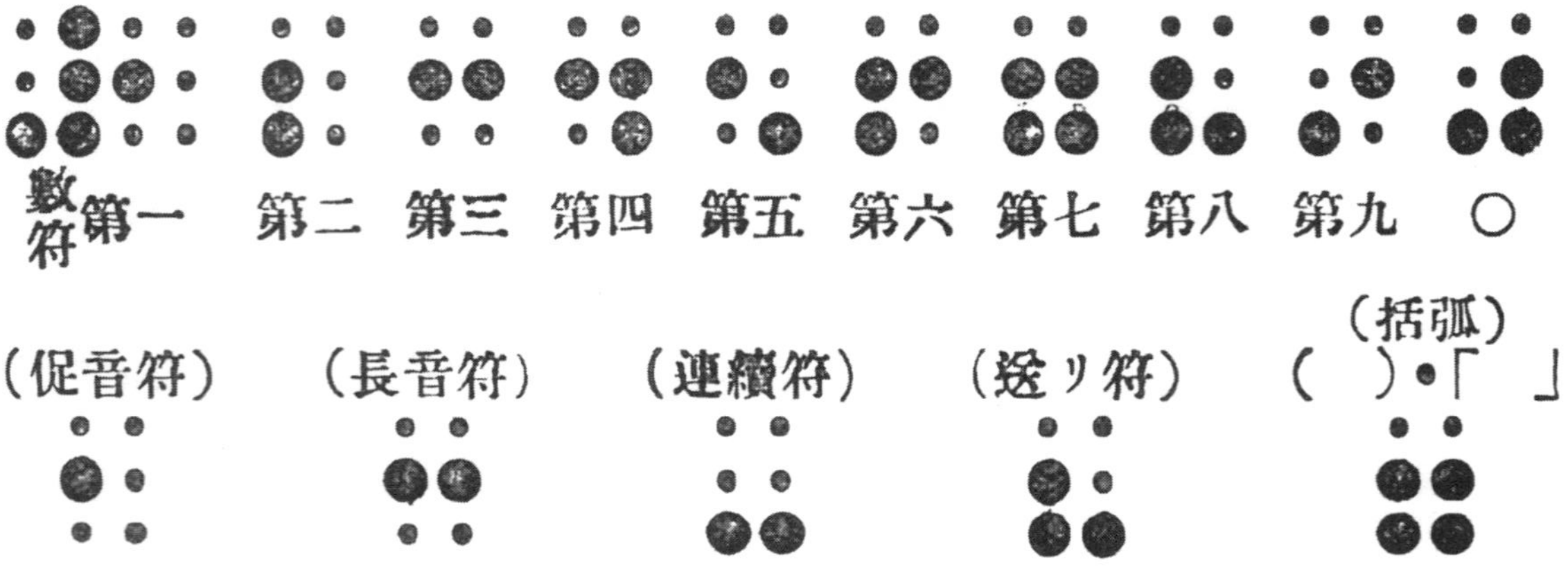

數符
第一
第二
第三
第四
第五
第六
第七
第八
第九
○
（促音符）
（長音符）
（連續符）
（送リ符）
（括弧）
（　）・「　」

市制町村制施行規則

（大正十五年六月二十四日内務省令第十九號）

（昭和三年十一月內務省令第三十九號昭和四年一月同令第一號同年六月第二十二號）

市制町村制施行規則左ノ通リ定ム

第一章　市町村會議員ノ選擧

第一條　市制町村制ニ規定セル市區町村ノ人口ハ內閣ニ於テ官報ヲ以テ公示シタル最近ノ人口ニ依ル

前項ノ公示ノ人口現在ノ日以後ニ於テ市區町村ノ廢置分合、境界變更ヲ爲シ又ハ所屬未定地ヲ市區町村ノ區域ニ編入シタルトキハ關係市區町村ノ人口ハ左ノ區別ニ依リ府縣知事ノ告示シタル人口ニ依ル但シ市區町村ノ境界變更又ハ所屬未定地編入ノ地域ニ現住者ナキトキハ此ノ限ニ在ラス

一　一市區町村若ハ數市區町村ノ全部ノ區域ヲ以テ一市區町村ヲ置キタル場合一市區町村若ハ數市區町村ノ全部ノ區域ヲ他ノ市區町村ノ區域ニ編入シタル場合ニ於テハ關係市區町村ノ人口又ハ之ヲ集計シタルモノ

二　前號以外ノ場合ニ於テハ當該市區町村ノ人口ヲ廢置分合又ハ境界變更アリタル日ノ現在ニ依リ府縣知事ノ調査シタル人口ニ按分シテ當該地域ノ人口又ハ其ノ人口ヲ集計シタルモノ又ハ其ノ人口ヲ關係市區町村ノ人口ニ加算シ若ハ關係市區町村ノ人口ヨリ控除シタルモノ

三　所屬未定地ヲ市區町村ニ編入シタルトキハ編入ノ日ノ現在ニ依リ府縣知事ノ調査シタル其ノ地域ノ人口ヲ關係市區町村ノ人口ニ加算シタルモノ

四　前三號ノ規定ニ依ル人口ノ告示アリタル日以後ニ於テ市區町村ノ廢置分合若ハ境界變更又ハ所屬未定地編入前ノ日ニ屬スル最近ノ人口ヲ內閣ニ於テ官報ヲ以テ公示アリタルトキハ更ニ其ノ公示ニ係ル人口ヲ基礎トシ

前三號ノ規定ニ依リ算出シタルモノ
前項ノ規定ハ市區町村ノ境界確定シタル場合ニ之ヲ準用ス
前三項ノ人口中ニハ部隊艦船及監獄內ニ在リタル人員ヲ含マス

第二條　市町村長(市制第六條ノ市ニ於テハ區長)投票立會人(又ハ開票立會人ヲ選任シタルトキハ直ニ之ヲ投票分會長(又ハ開票分會長)ニ通知スヘシ

第三條　市町村長(市制第六條ノ市ニ於テハ區長(必要アリト認ムルトキハ選擧會場入場劵(又ハ投票分會場入場劵)ヲ交付スルコトヲ得(昭和四年一月內務省令第一號改正)

選擧長(又ハ投票分會長)必要アリト認ムルトキハ到着番號札ヲ選擧人ニ交付スルコトヲ得

第四條　投票記載ノ場所ハ選擧人ノ投票ヲ覗ヒ又ハ投票ノ交換其ノ他不正ノ手段ヲ用フルコト能ハサラシムル爲相當ノ設備ヲ爲スヘシ

第五條　投票函ハ二重ノ蓋ヲ造リ各別ニ鎖鑰ヲ設クヘシ
第六條　選擧長(又ハ投票分會長)ハ投票ヲ爲サシムルニ先チ選擧會場(又ハ投票分會場)ニ參會シタル選擧人ノ面前ニ於テ投票函ヲ開キ其ノ空虛ナルコトヲ示シタル後內蓋ヲ鎖スヘシ
第七條　選擧長(又ハ投票分會長)ハ選擧立會人(又ハ投票立會人)ノ面前ニ於テ選擧人ヲ選擧人名簿(又ハ選擧人名簿ノ抄本)ニ對照シタル後投票用紙(假ニ投票ヲ爲サシムヘキ選擧人ニ對シテハ併セテ封筒)ヲ交付スヘシ
第八條　選擧人誤リテ投票ノ用紙又ハ封筒ヲ汚損シタルトキハ其ノ引換ヲ請求スルコトヲ得
第九條　投票ハ選擧長(又ハ投票分會長)及選擧立會人(又ハ投票立會人)ノ面前ニ於テ選擧人自ラ之ヲ投函スヘシ
第十條　選擧人投票前選擧會場(又ハ投票分會場)外ニ退出シ又ハ退出ヲ命セラ

レタルトキハ選擧長(又ハ投票分會長)ハ投票用紙(交付シタル封筒アルトキハ併セテ封筒)ヲ返付セシムヘシ

第十一條　投票ヲ終リタルトキハ選擧長(又ハ投票分會長)ハ投票函ノ內蓋ノ投票口及外蓋ヲ鎖シ其ノ內蓋ノ鑰ハ選擧立會人(投票分會ニ於テハ投票函ヲ送致スヘキ投票立會人)之ヲ保管シ外蓋ノ鑰ハ選擧長(又ハ投票分會長)之ヲ保管スヘシ

第十二條　投票函ハ其ノ閉鎖後選擧長(又ハ開票分會長)ニ送致ノ爲ノ外之ヲ會場外ニ搬出スルコトヲ得ス

第十三條　投票ヲ點檢スルトキハ選擧長ハ選擧會ノ事務ニ從事スル者二人ヲシテ各別ニ同一被選擧人(市制第三十九條ノ二ノ市ニ於テハ議員候補者以下之ニ同シ)ノ得票數ヲ計算セシムヘシ

第十四條　前條ノ計算終リタルトキハ選擧長ハ各被選擧人ノ得票ヲ朗讀スヘシ

第十五條　前二條ノ規定ハ開票分會ヲ設ケタル場合ニ於ケル開票ニ之ヲ準用ス開票分會ヲ設ケタル場合ニ於テハ選擧長ハ自ラ開票ヲ行ヒタル部分ニ付各被選擧人ノ得票數ヲ朗讀シタル後開票分會每ニ各被選擧人ノ得票數ヲ朗讀シ終リニ各被選擧人ノ得票總數ヲ朗讀スヘシ

第十六條　選擧長(又ハ開票分會長)ハ投票ノ有效無效ヲ區別シ各之ヲ封筒ニ入レ二人以上ノ選擧立會人(又ハ開票立會人)ト共ニ封印ヲ施スヘシ受理スヘカラスト決定シタル投票ハ其ノ封筒ヲ開披セス前項ノ例ニ依リ封印ヲ施スヘシ

第十七條　市制第三十九條ノ二ノ市ノ市會議員選擧ニ付テハ府縣制施行規則第五條、第七條乃至第九條及第二十二條ノ規定ヲ準用ス

(府縣制施行規則抄錄)

第五條　議員候補者ノ屆出ハ推薦屆又ハ文書ヲ以テ之ヲ爲シ議員候補者タルヘキ

者ノ氏名、職業、住所及生年月日（推薦屆出ノ場合ニ於テハ併セテ推薦屆出者ノ氏名、住所及生年月日）ヲ記載シ且府縣制第十三條ノ三第一項ノ供託ヲ爲シタルコトヲ證スヘキ書面ヲ添付スヘシ

第七條　議員候補者ノ屆出若ハ推薦屆出又ハ議員候補者タルコトヲ辭スルコトノ屆出ヲ受理シタルトキハ選擧長ハ直ニ其ノ受理ノ年月日時ヲ屆出書ノ餘白ニ記載スヘシ

第八條　議員候補者選擧ノ期日前七日目迄ニ議員候補者タルコトヲ辭シタルトキ選擧ノ期日ニ於ケル投票所ヲ開クヘキ時刻迄ニ死亡シタルトキ若ハ被選擧權ヲ有セサルニ至リタル爲議員候補者タルコトヲ辭シタルトキ又ハ選擧ノ全部無效ト爲リタルトキハ直ニ府縣制第十三條ノ三第一項ノ供託物ノ還付ヲ請求スルコトヲ得

議員候補者ノ得票數府縣制第二十九條第一項ノ規定ニ該當セサルモノナルトキ又ハ議員候補者同法第二十九條ノ三ノ規定ノ適用ヲ受ケタルモノナルトキハ其

ノ選擧及當選ノ効力確定後直ニ同法第十三條ノ三第一項ノ供託物ノ還付ヲ請求スルコトヲ得

第九條　投票立會人ノ屆出ハ文書ヲ以テ之ヲ爲シ投票立會人ノ氏名、住所及生年月日ヲ記載シ且本人ノ承諾ヲ添附スヘシ

第十二條　第九條ノ規定ハ開票立會人及選擧立會人ニ之ヲ準用ス

(府縣制抄錄)

第九條　府縣會議員ノ選擧ハ其ノ府縣內ニ於ケル市町村會議員選擧人名簿ニ依リ之ヲ行フ

町村制第三十八條ノ町村ニ於テハ同法第十八條乃至第十八條ノ五ノ規定ニ準シ選擧人名簿ヲ調製スヘシ

前項ノ選擧人名簿ハ之ヲ町村會議員選擧人名簿ト看做シ、第一項ノ規定ヲ適用ス

第十三條ノ二　議員候補者タラムトスル者ハ選擧ノ期日ノ告示アリタル日ヨリ

擧ノ期日前七日目迄ニ其ノ旨ヲ選擧長ニ屆出ツヘシ
選擧人名簿ニ登錄セラレタル者他人ヲ議員候補者ト爲サムトスルトキハ前項ノ期間内ニ其ノ推薦ノ屆出ヲ爲スコトヲ得
前二項ノ期間内ニ屆出アリタル議員候補者其ノ選擧ニ於ケル議員定數ヲ超ユル場合ニ於テ其ノ期間ヲ經過シタル後議員候補者死亡シ又ハ議員候補者タルコトヲ辭シタルトキハ前二項ノ例ニ依リ選擧ノ期日ノ前日マテ議員候補者ノ屆出又ハ推薦屆出ヲ爲スコトヲ得
議員候補者ハ選擧長ニ屆出ヲ爲スニ非サレハ議員候補者タルコトヲ辭スルコトヲ得ス
前四項ノ屆出アリタルトキ又ハ議員候補者ノ死亡シタルコトヲ知リタルトキハ選擧長ハ直ニ其ノ旨ヲ告示スヘシ
第十三條ノ三　議員候補者ノ屆出又ハ推薦屆出ヲ爲サムトスル者ハ議員候補者一人ニ付二百圓又ハ之ニ相當スル額面ノ國債證書ヲ供託スルコトヲ要ス

議員候補者ノ得票數其ノ選擧區ノ配當議員數ヲ以テ有效投票ノ總數ヲ除シテ得タル數ノ十分ノ一ニ達セサルトキハ前項ノ供託物ハ府縣ニ歸屬ス

議員候補者選擧ノ期日前十日以內ニ議員候補者タルコトヲ辭シタルトキハ前項ノ規定ニ準用ス但シ被選擧權ヲ有セサルニ至リタル爲議員候補者タルコトヲ辭シタルトキハ此ノ限ニ在ラス

第二十九條　府縣會議員ノ選擧ハ有效投票ノ最多數ヲ得タル者ヲ以テ當選者トス但シ其ノ選擧區ノ配當議員數ヲ以テ有效投票ノ總數ヲ除シテ得タル數ノ五分ノ一以上ノ得票アルコトヲ要ス

當選者定ムルニ當リ得票ノ數同シキトキハ年長者ヲ取リ年齡同シキトキハ選擧長抽籤ヲ以テ定ム

第二十九條ノ三　第十三條ノ二第一項乃至第三項ノ規定ニ依ル屆出アリタル議員候補者其ノ選擧ニ於ケル議員ノ定數ヲ超エサルトキハ其ノ選擧區ニ於テハ投票ヲ行ハス

前項ノ規定ニ依リ投票ヲ行フコトヲ要セサルトキハ選擧長ハ直ニ其ノ旨ヲ投票管理者ニ通知シ併セテ之ヲ告示シ且府縣知事ニ報告スヘシ

投票管理者前項ノ通知ヲ受ケタルトキハ直ニ共ノ旨ヲ告示スヘシ

第一項ノ場合ニ於テハ選擧長　選擧ノ期日ヨリ五日以内ニ選擧會ヲ開キ議員候補者ヲ以テ當選者ト定ムヘシ

前項ノ場合ニ於テ議員候補者ノ被選擧權ノ有無ハ選擧立會人ノ意見ヲ聽キ選擧長之ヲ決定スヘシ

第三十一條　當選者定マリタルトキハ選擧長ハ直ニ當選者ニ當選ノ旨ヲ告知シ同時ニ當選者ノ住所氏名ヲ告示シ且選擧錄及投票錄ノ寫ヲ添ヘ之ヲ府縣知事ニ報告スヘシ（以下省略）

第三十三條　當選者其ノ當選ヲ承諾シタルトキハ府縣知事ハ直ニ當選證書ヲ付與シ及其ノ住所氏名ヲ告示スヘシ

當選者ナキニ至リタルトキ又ハ當選者其ノ選擧ニ於ケル議員ノ定數ニ達セサル

ニ至リタルトキハ府縣知事ハ直ニ其ノ旨ヲ告示スヘシ

第三十四條ノ二　衆議院議員選擧法第百十條ノ規定ノ準用ニ依リ當選ヲ無效ナリト認ムルトキハ選擧人又ハ議員候補者ハ當選者ヲ被告トシ第三十一條第一項告示ノ日ヨリ三十日以内ニ控訴院ニ出訴スルコトヲ得

衆議院議員選擧法第百三十六條ノ規定ノ準用ニ依リ選擧事務長カ同法第百十二條又ハ第百十三條ノ規定ノ準用ニ依ル罪ヲ犯シ刑ニ處セラレタルニ因リ當選ヲ無效ナリト認ムルトキハ選擧人又ハ議員候補者ハ當選者ヲ被告トシ其ノ裁判確定ノ日ヨリ三十日以內ニ控訴院ニ出訴スルコトヲ得

前二項控訴院ノ判決ニ不服アル者ハ大審院ニ上告スルコドヲ得

衆議院議員選擧法第八十五條、第八十七條及第百四十一條ノ規定ハ前三項ノ規定ニ依ル訴訟ニ之ヲ準用ス（抄錄終リ）

第十八條　市制第三十九條ノ二ノ市ノ市會議員選擧ニ付開票分會ヲ設ケタルト

キハ選擧長ハ豫メ議員候補者ノ氏名、職業、住所、生年月日其ノ他必要ナル事項ヲ當該開票分會長ニ通知スヘシ、議員候補者タルコトヲ辭シタルトキ又ハ其ノ死亡シタルコトヲ知リタルトキ亦同シ

第十九條　點字投票ナル旨ノ印ハ投票用紙及封筒ノ表面ニ之ヲ押捺スヘシ

第二十條　市町村會議員選擧人名簿及其ノ抄本ハ別記樣式ニ依リ之ヲ調製スヘシ

第二十一條　選擧錄、投票錄及開票錄ハ別記樣式ニ依リ之ヲ調製スヘシ

第二十二條　市制第三十九條ノ二ノ市ノ市會議員選擧ニ關スル立會人タルヘキ者ノ屆出書及之ニ添附スヘキ承諾書、議員候補者ノ屆出書又ハ推薦屆出書、議員候補者タルコトヲ辭スルコトノ屆出書竝ニ選擧運動ノ費用ノ精算屆書ハ府縣制施行規則別記ニ定ムル各樣式ニ準シ之ヲ調製スヘシ（昭和三年十一月內務省令第三十九號ヲ以テ改正）

第二十三條　市町村長更迭ノ場合ニ於テハ前任者ハ退職ノ日ヨリ十日以內ニ其ノ擔任スル事務ヲ後任者ニ引繼クヘシ後任者ニ引繼クコトヲ得サル事情アルトキハ之ヲ助役ニ引繼クヘシ、此ノ場合ニ於テハ助役ハ後任者ニ引繼クコトヲ得ルニ至リタルトキハ直ニ後任者ニ引繼クヘシ

前項引繼ノ場合ニ於テハ書類帳簿及財產ノ目錄ヲ調製シ處分未濟若ハ未著手又ハ將來企畫スヘキ見込ノ事項ニ付テハ其ノ順序方法及意見ヲ記載スルコトヲ要ス

第二十四條　助役退職ノ場合ニ於テ其ノ分掌事務アルトキハ之ヲ市町村長ニ引繼クヘシ

前條ノ規定ハ前項ノ事務引繼ニ之ヲ準用ス

第二十五條　收入役更迭ノ場合ニ於テハ前任者ハ退職ノ日ヨリ十日以內ニ其ノ擔任スル事務ヲ後任者ニ引繼クヘシ、後任者ニ引繼クコトヲ得サル事情アル

トキハ之ヲ副收入役又ハ收入役代理者ニ引繼クヘシ、此ノ場合ニ於テハ副收入役又ハ收入役代理者ハ後任者ニ引繼クコトヲ得ルニ至リタルトキハ直ニ之ヲ後任者ニ引繼クヘシ

前項引繼ノ場合ニ於テハ現金帳簿書類其ノ他ノ物件ニ付テハ各目錄ヲ調製シ仍現金ニ付テハ各帳簿ニ對照シタル明細書ヲ添付シ帳簿ニ付テハ事務引繼ノ日ニ於テ最終記載ノ次ニ合計高及年月日ヲ記入シ且引繼ヲ爲ス者及引繼ヲ受ケタル者之ニ連署スヘシ

第二十六條　副收入役退職ノ場合ニ於テ其ノ分掌事務アルトキハ之ヲ收入役ニ引繼クヘシ

前條ノ規定ハ前項ノ事務引繼ニ之ヲ準用ス

第二十七條　第二十三條第二項、第二十四條第二項、第二十五條第二項及前條第二項ノ規定ニ依リ調製ヘキ書類帳簿及財產ノ目錄ハ現ニ設備セル目錄又ハ

臺帳ニ依リテ引繼ヲ爲ストキノ現在ヲ確認シ得ル場合ニ於テハ之ヲ以テ充用スルコトヲ得、此ノ場合ニ於テハ其ノ旨引繼書ニ記載スヘシ

第二十八條　第二十三條又ハ第二十五條乃至前條ノ規定ハ市制第六條又ハ第八十二條第三項ノ市ノ區長若ハ區收入役ノ更迭又ハ分掌事務アル區副收入役ノ退職ノ場合ニ、第二十四條及前條ノ規定ハ分掌事務アル町村區長ノ退職ノ場合ニ之ヲ準用ス

第二十九條　市町村ノ廢置分合ニ依リ新ニ市町村ヲ置キタル場合ニ於テハ前市町村ノ吏員ノ擔任スル事務ハ之ヲ市町村長、收入役又ハ市町村長ノ臨時代理者若ハ職務管掌ノ官吏ニ引繼クヘシ市町村ノ境界變更アリタルトキ亦同シ第二十三條乃至第二十七條ノ規定ハ前項ノ事務引繼ニ之ヲ準用ス

第三十條　第二十三條乃至前條ノ場合ニ於テ所定ノ期間內ニ引繼ヲ了スルコトヲ得サルトキハ其ノ事由ヲ具シ府縣知事ノ許可ヲ受クヘシ

第三十一條　第二十三條乃至第二十九條ノ場合ニ於テ引繼ヲ拒ミタル者ニ對シテハ府縣知事ハ二十五圓以下ノ過料ヲ科スルコトヲ得、其ノ故ナク引繼ヲ遷延シタルカ爲市町村長ニ於テ期日ヲ指定シテ催告ヲ爲シ仍之ニ應セサル者ニ付亦同シ

第三十二條　第二十三條乃至前條ニ規定スルモノノ外市町村吏員ノ事務引繼ニ關シ必要ナル事項ハ府縣知事之ヲ定ム

第二章　市町村ノ財務

第三十三條　市町村稅其ノ他一切ノ收入ヲ歲入トシ一切ノ經費ヲ歲出トシ歲入歲出ハ豫算ニ編入スヘシ

第三十四條　各年度ニ於テ決定シタル歲入ヲ以テ他ノ年度ニ屬スヘキ歲出ニ充ツルコトヲ得ス

第三十五條　歲入ノ所屬年度ハ左ノ區分ニ依ル
一　納期ノ一定シタル收入ハ其ノ納期末日ノ屬スル年度
二　定期ニ賦課スルコトヲ得サルカ爲特ニ納期ヲ定メタル收入又ハ隨時ノ收入ニシテ徵稅令書、賦課令書又ハ納額告知書ヲ發スルモノハ令書又ハ告知書ヲ發シタル日ノ屬スル年度
三　隨時ノ收入ニシテ徵稅令書、賦課令書又ハ納額告知書ヲ發セサルモノハ領收ヲ爲シタル日ノ屬スル年度但シ市町村債、交付金、補助金、寄附金請負金、償還金其ノ他之ニ類スル收入ニシテ其ノ收入ヲ豫算シタル年度ノ出納閉鎖前ニ領收シタルモノハ其ノ豫算ノ屬スル年度

第三十六條　歲出ノ所屬年度ハ次ノ區分ニ依ル
一　費用辨償、報酬、給料、旅費、退隱料、退職給與金、死亡給與金、遺族扶助料、其ノ他ノ給與、傭人料ノ類ハ其ノ支給スヘキ事實ノ生シタル時

ノ屬スル年度但シ別ニ定マリタル支拂期日アルトキハ其ノ支拂期日ノ屬スル年度

二 通信運搬費、土木建築費其ノ他物件ノ購入代價ノ類ハ契約ヲ爲シタル時ノ屬スル年度但シ契約ニ依リ定メタル支拂日アルトキハ其ノ支拂期日ノ屬スル年度

三 市町村賦ノ元利金ニシテ支拂期日ノ定アルモノハ其ノ支拂期日ノ屬スル年度

四 補助金、寄附金、負擔金ノ類ハ其ノ支拂ヲ豫算シタル年度

五 缺損補塡ハ其ノ補塡ノ決定ヲ爲シタル日ノ屬スル年度

六 前各號ニ揭クルモノヲ除クノ外ハ總テ支拂命令ヲ發シタル日ノ屬スル年度

第三十七條 各年度ニ於テ歲計ニ剩餘アルトキハ翌年度ノ歲入ニ編入スヘシ但

シ市町村條例ノ規定又ハ市町村會ノ議決ニ依リ剰餘金ノ全部又ハ一部ヲ基本財產ニ編入スル場合ニ於テハ繰込ヲ要セス之カ支出ヲ爲スコトヲ得

第三十八條　市町村稅ハ徵稅令書ニ依リ夫役現品ハ賦課令書ニ依リ負擔金、使用料、手數料、加入金、過料、過怠金及物件ノ賃貸料ノ類ハ納額告知書ニ依リ之ヲ徵收シ其ノ他ノ收入ハ納付書ニ依リ收入スヘシ但シ市制町村制施行令第五十三條ノ規定ニ依リ徵收スル市町村稅及急迫ノ場合ニ賦課スル夫役竝ニ納額告知書又ハ納付書ニ依リ難キモノニ付テハ此ノ限リニ在ラス

第三十九條　支出ハ債主ニ對スルニ非サレハ之ヲ爲スコトヲ得ス

第四十條　左ノ經費ニ付テハ市町村吏員ヲシテ現金支拂ヲ爲サシムル爲其ノ資金ヲ當該吏員ニ前渡スルコトヲ得

一　市町村債ノ元利支拂

二　外國ニ於テ物品ヲ購入スル爲必要ナル經費

特別ノ必要アルトキハ前項ノ資金前渡ハ市町村吏員以外ノ者ニ之ヲ爲スコトヲ得

第四十一條　旅費及訴訟費用ニ付テハ概算拂ヲ爲スコトヲ得

第四十二條　前二條ニ揭クルモノノ外必要アルトキハ市町村ハ府縣知事ノ許可ヲ得テ資金前渡又ハ概算拂ヲ爲スコトヲ得

第四十三條　前金支拂ニ非サレハ購入又ハ借入ノ契約ヲ爲シ難キモノニ付テハ前金拂ヲ爲スコトヲ得

第四十四條　歲入ノ誤納過納ト爲リタル金額ノ拂戾ハ各之ヲ收入シタル歲入ヨリ支拂フヘシ

歲出ノ誤拂過渡ト爲リタル金額、資金前渡、概算拂、前金拂及繰替拂ノ返納ハ各之ヲ支拂タル經費ノ定額ニ戾入スヘシ

第四十五條　出納閉鎖後ノ收入支出ハ之ヲ現年度ノ歲入歲出ト爲スヘシ前金ノ

拂戻金戻入金ノ出納閉鎖後ニ係ルモノ亦同シ

第四十六條　繼續費ハ每年度ノ支拂殘額ノ繼續年度ノ終リ迄追次繰込使用スルコトヲ得

第四十七條　歲入歲出豫算ハ必要アルトキハ之ヲ經常臨時ノ二部ニ別ツヘシ

歲入歲出豫算ハ之ヲ款項ニ區分スヘシ

第四十八條　歲入歲出豫算ニハ豫算說明ヲ附スヘシ

第四十九條　特別會計ニ屬スル歲入歲出ハ別ニ其ノ豫算ヲ調製スヘシ

第五十條　市町村歲入歲出豫算ハ別記市町村歲入歲出豫算樣式ニ依リ之ヲ調製スヘシ

第五十一條　繼續費ノ年期及支出方法ハ別記繼續費ノ年期及支出方法樣式ニ依リ之ヲ調製スヘシ

第五十二條　豫算ハ會計年度經過後ニ於テ更正スル追加ヲ爲スコトヲ得ス

第五十三條　豫算ニ定メタル各款ノ金額ハ彼此流用スルコトヲ得ス
豫算各項ノ金額ハ市町村會ノ議決ヲ經テ之ヲ流用スルコトヲ得
第五十四條　決算ハ豫算ト同一ノ區分ニ依リ之ヲ調製シ豫算ニ對スル過不足ノ說明ヲ附スヘシ
第五十五條　會計年度經過後ニ至リ歲入ヲ以テ歲出ニ充ツルニ足ラサルトキハ府縣知事ノ許可ヲ得テ翌年度歲入ヲ繰上ケ之ニ充用スルコトヲ得
第五十六條　市ハ其ノ歲入歲出ニ屬スル公金ノ受拂ニ付郵便振替貯金ノ法ニ依ルコトヲ得
第五十七條　市町村ハ現金ノ出納及保管ノ爲市町村金庫ヲ置クコトヲ得
第五十八條　金庫事務ノ取扱ヲ爲サシムヘキ銀行ハ市町村會ノ議決ヲ經テ市町村長之ヲ定ム
第五十九條　金庫ハ收入役ノ通知ニ非サレハ現金ノ出納ヲ爲スコトヲ得ス

第六十條　金庫事務ノ取扱ヲ爲ス者ハ現金ノ出納保管ニ付市町村ニ對シテ責任ヲ有ス

第六十一條　市町村ハ金庫事務ノ取扱ヲ爲ス者ヨリ擔保ヲ徴スヘシ、其ノ種類價格及程度ニ關シテハ市町村會ノ議決ヲ經テ市町村長之ヲ定ム

第六十二條　金庫事務ノ取扱ヲ爲ス者ノ保管スル現金ハ市町村ノ歳入歳出ニ屬スルモノニ限リ支出ニ妨ケナキ限度ニ於テ市町村ハ其ノ運用ヲ許スコトヲ得

前項ノ場合ニ於テハ金庫事務ノ取扱ヲ爲ス者ハ市町村ノ定ムル所ニ依リ利子ヲ市町村ニ納付スヘシ

第六十三條　收入役ハ定期及臨時ニ金庫ノ現金帳簿ヲ檢査スヘシ

第六十四條　市町村ハ收入役ヲシテ其ノ保管ニ屬スル市町村歳計現金ヲ郵便官署又ハ銀行若ハ信用組合ニ預入セシムルコトヲ得

前項ノ銀行及信用組合ニ付テハ府縣知事ノ許可ヲ受クルコトヲ要ス

第六十五條　第三十三條乃至前條ニ規定スルモノノ外市町村ハ府縣知事ノ許可ヲ得テ必要ナル規定ヲ設クルコトヲ得

第六十六條　第三十三條乃至第五十五條及前條ノ規定ハ市町村ノ一部ニ之ヲ準用ス

第三章　市制第六條ノ市ノ區

第六十七條　第二條乃至第十六條及第十九條乃至第二十一條ノ規定ハ市制第六條ノ市ノ區ノ區會議員選擧ニ、第十七條、第十八條及第二十二條ノ規定ハ市制第三十九條ノ二ノ區ノ區會議員選擧ニ之ヲ準用ス

第六十八條　第三十三條乃至第六十五條ノ規定ハ市制第六條ノ市ノ區ニ之ヲ準用ス

附　則（大正十五年內務省令第十九號）

本令中議員選擧ニ關スル規定ハ次ノ總選擧ヨリ、財務ニ關スル規定ハ大正十六年度分ヨリ其ノ他ノ規定ハ大正十五年七月一日ヨリ之ヲ施行ス

左ノ內務省令ハ之ヲ廢止ス

明治四十四年內務省令第十五號

明治四十四年內務省令第十七號

大正元年內務省令第十八號

大正三年內務省令第九號

從前ノ規定ニ依ル手續其ノ他ノ行爲ハ本令ニ別段ノ規定アル場合ヲ除クノ外之ヲ本令ニ依リ爲シタルモノト看做ス

從前ノ規定ニ依リ郡長ニ爲シタル許可ノ申請ニシテ大正十五年六月三十日迄ニ許可ヲ得サルモノハ之ヲ新規定ニ依リ府縣知事ニ爲シタル許可ノ申請ト看做ス

本令中議員選擧ニ關スル規定施行ノ際府縣制施行規則中議員選擧ニ關スル規定未タ施行セラレサル場合ニ於テハ本令ノ適用ニ付テハ同規定ハ既ニ施行セラレタルモノト看做ス

附　則（昭和三年十一月一日內務省令第三十九號）

本令ハ公布ノ日ヨリ之ヲ施行ス

附　則（昭和四年一月內務省令第一號）

本令ハ公布ノ日ヨリ之ヲ施行ス

附　則（昭和四年六月十九日內務省令第二十二號）

本令ハ昭和四年七月一日ヨリ之ヲ施行ス

別　記

市町村會議員選擧人名簿樣式

番號	住所	生年月日	氏名

備考

一 名簿ハ大字若ハ小字毎ニ區別シテ調製スヘシ但シ一字若ハ數字毎ニ分綴シ又ハ必要ニ應シ適宜分綴スルモ妨ケナシ

二 市制第九條第二項又ハ町村制第七條第二項ニ依ル者ニ付テハ氏名欄ニ

「特免」ト附記シ又ハ市制第七十六條、第七十九條第二項又ハ町村制第六十三條第四項、第六十七條第三項ノ規定ニ依リ公民タル者ニ付テハ末尾ニ其ノ職氏名ノミヲ記載スヘシ

三　決定、裁決、判決等ニ依リ名簿ヲ修正シタルトキハ其ノ旨及修正ノ年月日ヲ欄外ニ記載シ職印ヲ押捺スヘシ

四　名簿ノ表紙及卷末ニハ左記ノ通記載スヘシ

五　選擧區アルトキハ前各號ニ準シ各選擧區毎ニ名簿ヲ調製スヘシ

表紙

大正何年何月何日現在調 市(町)(村)會議員選擧人名簿 何府(縣)何市(何選擧區)何郡 何町(村)(大字若ハ小字何々)(何々)

（卷末）

此ノ選擧人名簿ハ大正何年何月何日ヨリ何日間何市役所「何(村)役場」(何ノ場所)ニ於テ縦覽セシメ大正何年何月何日ヲ以テ確定セリ

何府(縣)何市

「何郡何町」(村)長　氏　名　印

市町村會議員選擧人名簿抄本樣式

番號	住所	生年月日	氏名

備考

一 選擧人名簿ヲ修正シタルトキハ此ノ選擧人名簿ノ抄本ヲモ修正シ其ノ旨及修正年月日ヲ欄外ニ記載シ職印ヲ押捺スヘシ

二 名簿抄本ノ表紙及卷末ニハ左ノ通記載スヘシ

大正何年何月何日現在調 市(町)(村)會議員選擧人名簿抄本 何府(縣)何市(何選擧區)(何郡)何町 (村)會議員選擧第一(何々)投票分會

(卷末)

此ノ選擧人名簿抄本ハ大正何年何月何日確定ノ選擧人名簿ニ依リ之ヲ調製セリ

(以下選擧錄樣式省略ス)

市制中改正法律施行期日ノ件

（大正十五年六月二十四日勅令第二百七號）

大正十五年市制中改正法律ハ公民權及議員選擧ニ關スル規定ヲ除クノ外大正十五年七月一日ヨリ之ヲ施行ス

同上ノ件

（昭和四年六月十九日勅令第百八十四號）

昭和四年法律第五十六號ハ昭和四年七月一日ヨリ之ヲ施行ス

町村制中改正法律施行期日ノ件

（大正十五年六月二十四日勅令第二百八號）

大正十五年町村制中改正法律ハ公民權及議員選擧ニ關スル規定ヲ除クノ外大正十五年七月一日ヨリ之ヲ施行ス

町村制第三十八條ノ規定ニ依リ町村會ヲ設ケサル町村ニ付テハ大正十五年町村制中改正法律ハ大正十五年七月一日ヨリ之ヲ施行ス

同上ノ件

（昭和四年六月十九日勅令第百八十號）

昭和四年法律第五十七號ハ昭和四年七月一日ヨリ之ヲ施行ス

町村制施行特例

(大正十五年六月二十四日勅令第二百九號)

第一條 本令ハ大正十五年町村制中改正法律附則第三項ノ規定ニ依ル特例ヲ定ムルモノトス

第二條 町村制第十四條、第十七條第一項、第十八條第十三項及第三十一條ノ規定ニ依ル郡長ノ職務權限ハ府縣知事之ヲ行フ

第三條 府縣知事ハ選擧又ハ當選ノ效力ニ關シ異議アルトキハ選擧ニ關シテハ町村制第三十一條第一項ノ報告ヲ受ケタル日ヨリ、當選ニ關シテハ同條第二項ノ報告ヲ受ケタル日ヨリ二十日以內ニ之ヲ府縣參事會ノ決定ニ付スルコトヲ得

前項ノ決定アリタルトキハ同一事件ニ付爲シタル異議ノ申立及町村會ノ決定

ハ無效トス

第一項ノ決定ニ不服アル者ハ行政裁判所ニ出訴スルコトヲ得

第一項ノ決定ニ付テハ府縣知事又ハ町村長ヨリモ訴訟ヲ提起スルコトヲ得

第四條　本令ニ依ル異議、訴願及訴訟ニ付テハ町村制第三十六條及第百四十條ノ例ニ依ル

第五條　本令中郡長ニ關スル規定ハ島司ニ之ヲ適用ス

附　則（大正十五年勅令第二百九號）

本令ハ大正十五年七月一日ヨリ之ヲ施行ス

町村制第十四條ノ規定ニ依リ郡長ニ爲シタル許可ノ申請ハ之ヲ府縣知事ニ爲シタル許可ノ申請ト看做ス

町村制第三十三條第三項ノ規定ニ依リ郡長ニ爲シタル處分ニ不服アル者ハ府縣知事ニ異議ノ申立ヲ爲スコトヲ得、此ノ場合ニ於テハ府縣知事ハ二十日以

內ニ府縣參事會ノ決定ニ付スヘシ

前項ノ決定ニ不服アル者ハ行政裁判所ニ出訴スルコトヲ得

第三項ノ決定ニ付テハ府縣知事又ハ町村長ヨリモ訴訟ヲ提起スルコトヲ得

市制町村制改正經過規程

（昭和四年六月十九日勅令第百八十七號）

第一條　昭和四年七月一日前ニ補闕選擧ノ告示アリタル市町村會議員ノ補闕ニ關シテハ仍從前ノ規定ニ依ル

第二條　從前ノ市制第二十一條ノ三第一項又ハ町村制第十八條ノ三第一項ノ規定ニ依リ市町村長ニ申立テタル異議ニシテ昭和四年六月三十日迄ニ市町村會ノ決定ニ付セサルモノハ之ヲ新規定ニ依リ市町村長ニ申立テタル異議ト看做シ之ヲ決定スヘキ期間ハ昭和四年七月一日ヨリ起算ス

從前ノ市制第二十一條ノ三第一項又ハ町村制第十八條ノ三第一項ノ規定ニ依リ市町村會ノ決定ニ付シタル異議ニ關シテハ仍從前ノ規定ニ依ル

前項ノ規定ハ市制第四十六條第二項又ハ町村制第百二十六條第二項ノ規定ニ

依ル選擧人名簿ノ異議ニ關シ之ヲ準用ス
第三條　市制第六十五條第一項ノ規定ニ依リ增員セラレタル名譽職參事會員ノ任期ハ其ノ選擧ノ日ニ於テ現ニ在任スル名譽職參事會員ノ任期ニ依ル
第四條　從前ノ市制第七十二條第一項但書ノ規定ニ依リ定メタル東京市及京都市ノ助役ノ定數ハ市制第七十二條第二項ノ規定ニ依リ市條例ヲ以テ定メタルモノト看做ス
第五條　市制第七十三條第五項乃至第七項ノ規定竝ニ之ヲ準用スル第七十四條第三項、第七十五條第三項、第七十九條第二項、第八十二條第二項及第八十三條第三項ノ規定ハ昭和四年七月一日前ニ市長、助役、收入役若ハ副收入役ニ選擧セラレ又ハ市參與、助役、收入役、副收入役、區長、區長代理者若ハ委員ニ決定セラレ昭和四年六月三十日迄ニ就職セサル者ニ付テハ之ヲ適用セス町村制第六十三條第三項乃至第五項ノ規定竝ニ之ヲ準用スル同條第七項、第六十七條第三項、第六十八條第二項及第六十九條第三項ノ規定ハ昭和四年七月一日前ニ町村長、助役、收入役若ハ副收入役ニ選擧セラレ又ハ助役、收入役、副收入役、區長、區長代理者若ハ委員ニ決定セラレ昭和四年六月三十日迄ニ就職セサル者ニ付テハ之ヲ適用セス

第六條　從前ノ市制第九十條第一項若ハ第五項ノ規定ニ依リ再議ニ付シ又ハ同條第二項若ハ第六項ノ規定ニ依リ府縣參事會ノ裁決ヲ請ヒタル市會又ハ市參事會ノ議決ニ關シテハ仍從前ノ規定ニ依ル同條第三項ノ規定ニ依リ爲シタル取消處分ニ關シ亦同シ

從前ノ町村制第七十四條第一項若ハ第五項ノ規定ニ依リ再議ニ付シ、同條第二項ノ規定ニ依リ府縣參事會ノ裁決ヲ請ヒ又ハ同條第六項ノ規定ニ依リ府縣知事ノ處分ヲ請ヒタル町村會ノ議決ニ關シテハ仍從前ノ規定ニ依ル同條第三

項ノ規定ニ依リ爲シタル取消處分ニ關シ亦同シ

第七條　市會若ハ市參事會ノ議決シ若ハ決定スヘキ事件ニシテ從前ノ市制第九十一條第三項乃至第五項ノ規定ニ依リ府縣參事會ノ議決若ハ決定ヲ請ヒタルモノ又ハ同條第三項乃至第五項ノ規定ニ依リ爲シタル處置ニ關シテハ仍從前ノ規定ニ依ル

第八條　新規定ニ依リ市町村條例ヲ以テ定ムルコトヲ要スル事項ニ關シ從前ノ規定ニ依リ定メタルモノハ之ヲ新規定ニ依ル市町村條例ト看做ス

第九條　新規定施行前懲戒處分トシテ爲サレタル解職ノ效力ニ關シテハ仍從前ノ規定ニ依ル

附　則　（昭和四年六月十八日勅令第百八十七號）

本令ハ昭和四年七月一日ヨリ之ヲ施行ス

府縣制準用市區指定令

（昭和三年四月二十七日 勅令第七十五號）
（昭和三年八月三十一日 勅令第二百二十號）
（大正十五年六月二十四日 勅令第二百十一號）

第一條 市制第三十九條ノ二ノ規定ニ依リ市ヲ指定スルコト左ノ如シ

東京市　京都市　大阪市　堺市　横濱市
横須賀市　川崎市　神戸市　姫路市　長崎市
佐世保市　新潟市　長岡市　前橋市　宇都宮市
津市　名古屋市　豐橋市　靜岡市　濱松市
岡崎市　岐阜市　長野市　松本市　仙臺市
青森市　山形市　福井市　金澤市　富山市
岡山市　廣島市　呉市　下關市　和歌山市

徳島市　高松市　松山市　高知市　福岡市
久留米市　門司市　大牟田市　八幡市　大分市
熊本市　鹿兒島市　那覇市　札幌市　函館市
小樽市　旭川市　室蘭市　高崎市　盛岡市
小倉市

第二條　市制第三十九條ノ二ノ規定ニ依リ區ヲ指定スルコト左ノ如シ
東京市ノ區

附　則

本令ハ次ノ總選擧ヨリ之ヲ施行ス

市制第六條ノ市ノ指定ニ關スル件

（明治四十四年九月二十二日勅令第二百三十九號）

朕市制第六條ノ指定ニ關スル件ヲ裁可シ玆ニ之ヲ公布セシム

市制第六條ノ規定ニ依リ市ヲ指定スルコト左ノ如シ

東京市、京都市、大阪市

附　則

本令ハ明治四十四年十月一日ヨリ之ヲ施行ス

市制第六條ノ市ノ助役ノ定數

（明治四十四年九月二十二日内務省令第十三號）

市制第六條ノ市ノ助役ノ定數左ノ通リ定ム

東京市　三人　京都市　二人　大阪市　二人

附　則

本令ハ明治四十四年十月一日ヨリ之ヲ施行ス

内務省令第二十三號　昭和四年六月十九日

明治四十四年内務省令第十三號ハ之ヲ廢止ス

附　則

本令ハ昭和四年七月一日ヨリ之ヲ施行ス

市制第八十二條第三項ノ市ノ指定

（明治四十四年九月二十二日 內務省令第十四號）（昭和二年八月二十七日 內務省令第三十二號）

市制第八十二條第三項ノ規定ニ依リ市ヲ指定スルコト左ノ如シ

名古屋市　横濱市

附　則

本令ハ明治四十四年十月一日之ヲ施行ス

附　則

本令ハ昭和二年十月一日ヨリ施行ス

市制第六十五條第一項但書ノ(名譽職參事會員)規定ニ依リ市ヲ指定スルノ件

(昭和四年六月十八日勅令第百八十九號)

市制第六十五條第一項但書ノ規定ニ依リ市ヲ指定スルコト左ノ如シ

東京市　京都市　大阪市

横濱市　神戸市　名古屋市

附　則

本令ハ昭和四年七月一日ヨリ之ヲ施行ス

市制町村制中改正法律附則及市制町村制施行令附則ニ依ル命令ニ關スル件

（大正十五年六月二十四日内務省令第二十二號）

市制中改正法律附則第二項、町村制中改正法律附則第四項及市制町村制施行令附則第九項ノ規定ニ依ル命令ニ關スル件左ノ通リ定ム

大正十五年市制中改正法律又ハ同年町村制中改正法律ニ依リ初テ議員ヲ選擧スル場合ニ於テ必要ナル選擧人名簿ニ關シ市制第二十一條乃至第二十一條ノ五又ハ町村制第十八條乃至第十八條ノ五ノ規定ニ依ル期日又ハ期間ニ依リ難キトキハ府縣知事（北海道ニ於テハ北海道廳長官）ニ於テ其ノ期日又ハ期間ヲ定ムヘシ

前項ノ規定ハ市制町村制施行令附則第九項ノ場合ニ之ヲ準用ス

附則

本令ハ次ノ總選擧ヨリ之ヲ施行ス

六大都市行政監督ニ關スル件

（大正十一年三月二十二日法律第一號）

朕帝國議會ノ協贊ヲ經タル六大都市行政監督ニ關スル法律ヲ裁可シ茲ニ之ヲ公布セシム市ノ公共事務及法律ノ定ムル所ニ依リ市又ハ市長ニ屬スル區ノ事務ニ關シ府縣知事ノ許可又ハ認可ヲ要スル事件ニ付テハ東京市、京都市、大阪市、横濱市、神戸市及名古屋市ニ限リ勅令ノ定ムル所ニ依リ其ノ許可又ハ認可ヲ受ケシメサルコトヲ得

附　則

本法ハ公布ノ日ヨリ之ヲ施行ス

六大都市行政監督特例

（昭和四年六月十八日 勅令第百八十八號）

朕六大都市行政監督特例ノ件ヲ裁可シ茲ニ之ヲ公布セシム

六大都市行政監督特例中左ノ通改正ス

第一號及第二號ヲ左ノ如ク改ム

一　市制中府縣知事ノ許可ヲ要スル事項但シ市制第六十七條第六號及第十一號ニ掲クルコト、市長カ他ノ報償アル業務ニ從事スルコト、市町村組合ニ關スルコト及三年度ヲ超ユル繼續費ニ關スルコトヲ除ク

二　借入ノ翌年度ニ於テ償還スル市債ニ關スルコト但シ借入金ヲ以テ償還スルモノヲ除ク

附則

本令ハ昭和四年七月一日ヨリ之ヲ施行ス

公共團體ニ於テ使用料手數料等徵收上收入證紙發行ニ付テハ經伺ニ及ハサル件

（大正元年十一月十六日内務省訓令第十七號）

北海道　府縣

公共團體ニ於テ使用料手數料等徵收上便宜ノ爲收入證紙發行ニ付テハ今後經伺ニ及ハス但從來指示ノ事項ヲ遵守シ已ヲ得ス金額ヲ表示スル場合ハ算用數字ヲ用ヰ政府發行ノ收入印紙ニ紛ハシカラサル樣注意スヘシ

市制町村制ニ依ル懲戒審査會及鑑定人ノ費用負擔ニ關スル件

（明治四十四年十二月二十八日勅令第二百九十三號）

朕市制町村制ニ依ル懲戒審査會及鑑定人ノ費用負擔ニ關スル件ヲ裁可シ玆ニ之ヲ公布セシム

第一條　市制第百七十條町村制第百五十條ノ懲戒審査會々員中府縣名譽職參事會員ヨリ互選シタル者ニハ旅費ヲ支給ス其ノ額及支給方法ハ府縣知事之ヲ定ム

前項ノ旅費及懲戒審査會ノ費用ハ府縣ノ負擔トス

第二條　市制第百二十六條町村制第百六條ノ鑑定人ニハ旅費及手當ヲ支給ス其ノ額及支給方法ハ府縣知事之ヲ定ム

前項ノ旅費手當ハ府縣ノ負擔トス

第三條　前條ノ規定ハ水利組合法第五十條ノ鑑定人ニ之ヲ準用ス

附　則

本令ハ公布ノ日ヨリ之ヲ施行ス

市町村吏員服務紀律

（明治四十四年九月二十二日内務省令第十六號）（大正十五年六月二十四日內務省令第二十五號改正）

市町村吏員服務紀律左ノ通リ定ム

市町村吏員服務紀律

第一條　市町村吏員ハ忠實勤勉ヲ旨トシ法令ニ從ヒ其ノ職務ニ盡スヘシ

第二條　市町村吏員ハ職務ノ內外ヲ問ハス廉恥ヲ破リ其ノ他品位ヲ傷フノ所爲アルヘカラス

市町村吏員ハ職務ノ內外ヲ問ハス職權ヲ濫用セス懇切公平ナルコトヲ務ムヘシ

第三條　市町村吏員ハ總テ公務ニ關スル機密ヲ私ニ漏洩シ又ハ未發ノ事件若ハ文書ヲ私ニ漏洩スルコトヲ得ス其ノ職ヲ退クノ後ニ於テモ亦同シ

裁判所ノ召喚ニ依リ證人又ハ鑑定人ト爲リ職務上ノ秘密ニ就キ訊問ヲ受クルトキハ指揮監督者ノ許可ヲ得タル件ニ限リ供述スルコトヲ得事實參考ノ爲訊問ヲ受ケタル者ニ付テモ亦同シ

前項ノ場合ニ於テ市町村吏員ノ掌ル國府縣其ノ他公共團體ノ事務ニ付テハ國府縣其他ノ公共團體ノ代表者ノ許可又ハ承認ヲ得ルコトヲ要ス

第三條ノ二　有給市參與、市町村助役、市町村收入役及市町村副收入役竝市制第六條ノ市ノ區長及市制第八十二條第三項ノ市ノ町村長ノ許可ヲ受クルニ非サレハ他ノ報償アル業務ニ從事スルコトヲ得ス(大年十五年内務省令第二十五號追加)

第四條　市町村吏員ハ其ノ職務ニ關シ直接ト間接トヲ問ハス自己若ハ其ノ他ノ者ノ爲ニ贈與其ノ他ノ利益ヲ供給セシムルノ約束ヲ爲スコトヲ得ス

市町村吏員ハ指揮監督者ノ許可ヲ受クルニ非サレハ其ノ職務ニ關シ直接ト間接トヲ問ハス自己若ハ其ノ他ノ者ノ爲ニ贈與其ノ他ノ利益ヲ受クルコトヲ得

ス

第五條　左ニ掲クル者ト直接ニ關係ノ職務ニ在ル市町村吏員ハ其ノ者又ハ其ノ者ノ爲ニスル者ノ饗應ヲ受クルコトヲ得ス

一　市町村ニ對シ工事ノ請負又ハ物件勞力供給ノ契約ヲ爲ス者

二　市町村ニ屬スル金錢ノ出納保管ヲ擔任スル者

三　市町村ヨリ補助金又ハ利益ノ保證ヲ受クル起業者

四　市町村ト土地物件ノ賣買贈與貸借又ハ交換ノ契約ヲ爲ス者

五　其ノ他市町村ヨリ現ニ利益ヲ得又ハ得ムトスル者

附　則（明治四十四年九月內務省令第十六號）

本令ハ明治四十四年十月一日ヨリ之ヲ施行ス

附　則（大正十五年六月內務省令第二十五號）

本令ハ大正十五年七月一日ヨリ之ヲ施行ス

六大都市内ノ町名改稱區域變更取扱方

（大正十四年二月九日
內務省訓令第三號）

東京、京都、大阪
神奈川、兵庫、愛知　各府縣

從來公稱スル市町村內土地ノ字名改稱取扱方ニ關シテハ曩ニ訓令スルトコロアリシモ東京、京都、大阪、横濱、神戶及名古屋ノ各市ニ於テ市內ノ町名ヲ改稱シ又ハ其ノ區域ヲ變更スルニ付テハ明治四十四年訓令第二號ニ依ル府縣知事ノ許可ヲ受クルコトヲ要セス其ノ處分ヲ爲シタルトキハ速ニ之ヲ府縣知事ニ申報スヘシ

府縣知事前項ノ申報ヲ受ケタルトキハ該訓令（第九號）ニ依リ處理スヘシ

民勢調査ニ關スル罰則ノ件

（明治四十一年八月十一日内務省訓令第十五號）

市（北海道區制及沖繩縣區制ニ依ル區ヲ含ム）町村ニ於テ條例ヲ定メ民勢ノ調査ヲ爲スニ當リ故意ニ申告ヲ拒ミ若ハ虚僞ノ申告ヲ爲シ又ハ其調査ヲ忌避シタル者ハ二十五圓以下ノ罰金ニ處ス虚說造言ヲ放チ僞計威力ヲ用ヰテ調査ヲ妨害スル者亦同シ

選擧運動ノ爲ニスル文書圖畫ニ關スル件

（大正十五年二月三日内務省令第五號）

改正（昭和五年一月二十三日内務省令第四號）

第一條　選擧運動ノ爲メ文書圖畫（信書ヲ除ク以下之ニ同シ）ヲ頒布シ又ハ掲示スル者ハ表面ニ其ノ氏名及ヒ住居ヲ記載スヘシ但シ名刺及選擧事務所ニ掲示スルモノニ付テハ此限ニ在ラス

第一條ノ二　選擧運動ノ爲ニスル文書圖畫ハ郵便又ハ新聞紙ノ廣告ニ依ルノ外之ヲ頒布スル事ヲ得ス（昭和五年内務省令第五號ヲ以テ本條追加）

選擧運動ノ爲ニスル文書圖畫ハ立札、看板ノ類ヲ除クノ外之ヲ點付シ又ハ掲示スルコトヲ得ス

演說會ノ告知ノ爲使用スル文書ハ前二項ノ規定ニ拘ラス之ヲ頒布シ又ハ點付

シ若ハ掲示スルヲ得但シ航空機ニ依リ之ヲ頒布スルコトヲ得ス

第二條　演説會ノ告知ノ爲使用スル文書ハ二度刷又ハ二色以下トシ演説會ノ日時及場所、演説出演題者ヲ記載シタル者ニ限リ引札ニ在リテハ長一尺幅七寸張札ニ在リテハ長三尺一寸幅二尺一寸ヲ超ユルコトヲ得ス選擧運動ノ爲使用スル名刺ノ用紙ハ白色ノモノニ限ル　（同上改正）

第二條ノ二　演説會ノ告知ノ爲使用スル張札ノ數ハ左ノ各條ノ制限ヲ超ユルコトヲ得ス（同上本條追加）

一　議員候補者、選擧事務長、選擧委員又ハ選擧事務員カ開催スル演説會及議員候補者、選擧事務長、選擧委員又ハ選擧事務員ニ非サル者カ議員候補者又ハ選擧事務長ト意思ヲ通シテ開催スル演説會ノ爲使用スル張札ニ付ラハ議員候補者一人ニ付通シテ三千枚

二　議員候補者、選擧事務長、選擧委員又ハ選擧事務員ニ非サル者カ議員候

補者又ハ選擧事務長ト意思ヲ通セスシテ開催スル演説會ノ爲使用スル張札ニ付テハ演説會一箇所ニ付三十枚

第二條ノ三　演説會ノ爲ニスル張札ニシテ演説會場ニ於テ使用スルモノニ付テハ前二條ノ規定ヲ適用セス（同上本條追加）

第二條ノ四　演説會ノ告知ノ爲使用スル張札ニハ第二條ノ二第一號ニ規定スル張札ニ付テハ衆議院議員選擧法第八十八條第五項ノ屆出アリタル警察署第二條ノ二第二號ニ規定スル張札ニ付テハ演説會場所在地所轄ノ警察署ノ檢印ヲ受クヘシ（同上本條追加）

第三條　選擧運動ノ爲使用スル立札、看板ノ數ハ議員候補者一人ニ付通シテ百五十箇以内トシ白色ニ黑色ヲ用ヒタルモノニ限リ縱九尺横三尺ヲ超ユル事ヲ得ス

第四條　選擧運動ノ爲使用スル立札、看板ノ類ハ選擧事務所ヲ設ケタル場所ノ入口ヨリ一町以内ノ區域ニ於テハ選擧事務所一箇所ニ付通シテ二箇ヲ超ユル

コトヲ得ス

第五條　選擧運動ノ爲ニスル文書圖畫ハ選擧ノ當日ニ限リ投票所ヲ設ケタル場所ノ入口ヨリ三町以内ノ區域ニ於テ之ヲ掲示シ又ハ郵便若ハ新聞紙ノ廣告(新聞紙ニ折込ミ頒布スル場合ヲ含ム)ニ依ルノ外之ヲ頒布スルコトヲ得ス(昭和五年省令第五號改正)

第六條　削除(同上削除)

第七條　選擧運動ノ爲ニスル張札立札、看板ノ類ハ承諾ヲ得スシテ他人ノ土地又ハ工作物ニ之ヲ掲示スルコトヲ得ス

附　則(大正十五年二月三日内務省令第五號)

本令ハ公布ノ日ヨリ之ヲ施行ス

附　則(昭和五年一月二十三日内務省令第四號)

本令ハ公布ノ日ヨリ之ヲ施行ス

市町村制詳解終

大正十年十一月十五日印刷
大正十年十一月十八日發行

昭和五年三月一日改版二十六版印刷
昭和五年三月五日改版二十六版發行

並製定價金六拾五錢
布製定價金八拾錢

著者 相馬昌三
著者 菊池武夫

發行者 東京市日本橋區馬喰町二丁目十四番地 綱島龜吉

印刷者 東京市四谷區本村町四番地 鈴木芳太郎

印刷所 東京市四谷區本村町四番地 玄眞社印刷所

發行所 東京市日本橋區馬喰町二丁目十四番地 島鮮堂綱島書店
振替東京一四一三二番
口座大阪四五九八一番

TOSENDŌ

地方自治法研究復刊大系〔第362巻〕

訂正増補 改正 市町村制詳解〔昭和5年 改版26版〕

日本立法資料全集 別巻 1572

2025(令和7)年2月25日　復刻版第1刷発行　7772-2:012-005-005

共著　相馬昌三
　　　菊池武夫
発行者　今井貴
　　　　稲葉文子
発行所　株式会社信山社
〒113-0033 東京都文京区本郷6-2-9-102東大正門前
Ⓣ03(3818)1019　Ⓕ03(3818)0344
来栖支店〒309-1625 茨城県笠間市来栖2345-1
Ⓣ0296-71-0215　Ⓕ0296-72-5410
笠間才木支店〒309-1611 笠間市笠間515-3
Ⓣ0296-71-9081　Ⓕ0296-71-9082
印刷所　ワイズ書籍
製本所　カナメブックス
用紙　七洋紙業

printed in Japan　分類 323.934 g 1572

ISBN978-4-7972-7772-2 C3332 ¥42000E

日本立法資料全集 別巻　**地方自治法研究復刊大系**

仏蘭西邑法 和蘭邑法 皇国郡区町村編制法 合巻〔明治11年8月発行〕／箕作麟祥 閲 大井憲太郎 譯／神田孝平 譯
郡区町村編制法 府県会規則 地方税規則 三法綱論〔明治11年9月発行〕／小笠原美治 編輯
郡吏議員必携三新法便覧〔明治12年2月発行〕／太田啓太郎 編輯
郡区町村編制 府県会規則 地方税規則 新法例纂〔明治12年3月発行〕／柳澤武運三 編輯
全国郡区役所位置 郡政必携 全〔明治12年9月発行〕／木村陸一郎 編輯
府県会規則大全 附 裁定録〔明治16年6月発行〕／朝倉達三 閲 若林友之 編輯
区町村会議要覧 全〔明治20年4月発行〕／阪田辨之助 編纂
英国地方制度 及 税法〔明治20年7月発行〕／良保両氏 合著 水野遵 翻訳
鼇頭傍訓 市制町村制註釈 及 理由書〔明治21年1月発行〕／山内正利 註釈
英国地方政治論〔明治21年2月発行〕／久米金彌 翻譯
市制町村制 附 理由書〔明治21年4月発行〕／博聞本社 編
傍訓 市町村制及説明〔明治21年5月発行〕／高木周次 編纂
鼇頭註釈 市町村制俗解 附 理由書 第2版〔明治21年5月発行〕／清水亮三 註解
市制町村制註釈 完 附 市制町村制理由 明治21年初版〔明治21年5月発行〕／山田正賢 著述
市町村制詳解 全 附 市町村制理由〔明治21年5月発行〕／日鼻豊作 著
市制町村制釈義〔明治21年5月発行〕／壁谷可六 上野太一郎 合著
市制町村制詳解 全 附 理由書〔明治21年5月発行〕／杉谷庸 訓點
町村制詳解 附 市制及町村制理由〔明治21年5月発行〕／磯部四郎 校閲 相澤富蔵 編述
傍訓 市制町村制 全 附 理由〔明治21年5月発行〕／鶴聲社 編
傍訓 市制町村制 並 理由〔明治21年5月発行〕／東條種家 編纂
市制町村制 附 理由書〔明治21年5月発行〕／狩谷茂太郎 著
市制町村制 並 理由書〔明治21年7月発行〕／萬字堂 編
市制町村制正解 附 理由〔明治21年6月発行〕／芳川顯正 序文 片貝正晉 註解
市制町村制釈義 附 理由書〔明治21年6月発行〕／清岡公張 題字 樋山廣業 著述
市制町村制釈義 附 理由 第5版〔明治21年6月発行〕／建野郷三 題字 櫻井一久 著
市町村制註解 完〔明治21年6月発行〕／若林市太郎 編輯
市町村制釈義 全 附 市町村制理由〔明治21年7月発行〕／水越成章 著述
再版増訂 市制町村制註釈 附 市制町村制理由 増補再版〔明治21年7月発行〕／坪谷善四郎 著
市制町村制義解 附 理由〔明治21年7月発行〕／三谷軌秀 馬袋鶴之助 著
傍訓 市制町村制註解 附 理由書〔明治21年8月発行〕／鯰江貞雄 註解
市制町村制註釈 附 市制町村制理由 3版増訂〔明治21年8月発行〕／坪谷善四郎 著
傍訓 市制町村制 附 理由書〔明治21年8月発行〕／同盟館 編
市町村制正解 明治21年第3版〔明治21年8月発行〕／片貝正晉 註釈
市制町村制註釈 完 附 市制町村制理由 第2版〔明治21年9月発行〕／山田正賢 著述
傍訓註釈 日本市制町村制 及 理由書 第4版〔明治21年9月発行〕／柳澤武運三 註解
鼇頭参照 市町村制註解 完 附 理由書及参考諸令〔明治21年9月発行〕／別所富貴 著述
市町村制問答詳解 附 理由書〔明治21年9月発行〕／福井淳 著
市制町村制註釈 附 市制町村制理由 4版増訂〔明治21年9月発行〕／坪谷善四郎 著
市制町村制 並 理由書 附 直接間接税類別 及 実施手続〔明治21年10月発行〕／高崎修助 著述
市町村制釈義 附 理由書 訂正再版〔明治21年10月発行〕／松木堅葉 訂正 福井淳 釈義
増訂 市制町村制註解 全 附 市制町村制理由挿入 第3版〔明治21年10月発行〕／吉井太 註解
鼇頭註釈 市町村制俗解 附 理由書 増補第5版〔明治21年10月発行〕／清水亮三 註解
市町村制施行取扱心得 上巻・下巻 合冊〔明治21年10月・22年2月発行〕／市岡正一 編纂
市制町村制傍訓 完 附 市制町村制理由 第4版〔明治21年10月発行〕／内山正如 著
鼇頭対照 市町村制解釈 附理由書及参考諸布達〔明治21年10月発行〕／伊藤寿 註釈
市制町村制俗解 明治21年第3版〔明治21年10月発行〕／春陽堂 編
市町村制正解 明治21年第4版〔明治21年10月発行〕／片貝正晉 註釈
市町村制講義録 第壱號-第弐號 合本〔明治21年10月発行〕／片貝正晉 註釈
市制町村制註釈 完 附 理由書 初版〔明治21年11月発行〕／綾井武夫 校閲 殿木三郎 註釈
市制町村制詳解 附 理由 第3版〔明治21年11月発行〕／今村長善 著
町村制実用 完〔明治21年11月発行〕／新田貞橘 鶴田嘉内 合著
町村制精解 完 附 理由書 及 問答録〔明治21年11月発行〕／中目孝太郎 磯谷群爾 註釈
市町村制問答詳解 附 理由 全〔明治22年1月発行〕／福井淳 著述
訂正増補 市町村制問答詳解 附 理由 及 追輯〔明治22年1月発行〕／福井淳 著
市町村制質問録〔明治22年1月発行〕／片貝正晉 編述
傍訓 市町村制 及 説明 第7版〔明治21年11月発行〕／高木周次 編纂
町村制要覧 全〔明治22年1月発行〕／浅井元 校閲 古谷省三郎 編纂
鼇頭 市制町村制 附 理由書〔明治22年1月発行〕／生稲道蔵 略解
鼇頭註釈 町村制 附 理由 全〔明治22年2月発行〕／八乙女盛次 校閲 片野続 編釈
市町村制実解〔明治22年2月発行〕／山田顕義 題字 石黒磐 著
町村制実用 全〔明治22年3月発行〕／小島鋼次郎 岸野武司 河毛三郎 合述
実用詳解 町村制 全〔明治22年3月発行〕／夏目洗蔵 編集
理由挿入 市町村制俗解 第3版増補訂正〔明治22年4月発行〕／上村秀昇 著
町村制市制全書 完〔明治22年4月発行〕／中嶋廣蔵 著
英国市制実見録 全〔明治22年5月発行〕／高橋達 著
実地応用 町村制質疑録〔明治22年5月発行〕／野田籐吉郎 校閲 國吉拓郎 著
実用 町村制市制事務提要〔明治22年5月発行〕／島村文耕 輯解
市町村条例指鍼 完〔明治22年5月発行〕／坪谷善四郎 著
参照比較 市町村制註釈 完 附 問答理由〔明治22年6月発行〕／山中兵吉 著述
市町村議員必携〔明治22年6月発行〕／川瀬周次 田中迪三 合著
参照比較 市町村制註釈 完 附 問答理由 第2版〔明治22年6月発行〕／山中兵吉 著述
自治新制 市町村会法要談 全〔明治22年11月発行〕／高嶋正戴 著述 田中重策 著述
国税 地方税 市町村税 滞納処分法問答〔明治23年5月発行〕／竹尾高堅 著
日本之法律 府県制郡制正解〔明治23年5月発行〕／宮川大壽 編輯
府県制郡制註釈〔明治23年6月発行〕／田島彦四郎 註釈
日本法典全書 第一編 府県制郡制註釈〔明治23年6月発行〕／坪谷善四郎 著
府県制郡制義解 全〔明治23年6月発行〕／北野竹次郎 編著
市町村役場実用 完〔明治23年7月発行〕／福井淳 編纂
市町村制実務要書 上巻 再版〔明治24年1月発行〕／田中知邦 編纂
市町村制実務要書 下巻 再版〔明治24年3月発行〕／田中知邦 編纂
米国地方制度 全〔明治32年9月発行〕／板垣退助 序 根本正 纂訳
公民必携 市町村制実用 全 増補第3版〔明治25年3月発行〕／進藤彬 著